中公新書 1758

志摩園子著

物語 バルト三国の歴史

エストニア・ラトヴィア・リトアニア

中央公論新社刊

はじめに

二〇〇四年五月一日、欧州連合（EU）加盟国がエストニア、ラトヴィア、リトアニアのバルト三国を含めて、一五ヵ国からいっきに二五ヵ国に拡大したその日、ニュースの映像はEU加盟を果たした国々の喜びの表情を伝えた。このときの賑《にぎ》やかなお祭り騒ぎとくらべると、これに先立つ三月二九日に、北大西洋条約機構（NATO）が第二次拡大を行ない、バルト三国を含めて七ヵ国が加盟したときは静かであった。旧ソ連邦に属していた三国は、新たな国家建設に当たって、この二つの正式加盟を一九九一年の独立回復から悲願としてきたのである。

そもそも、これら三国が初めて独立国家として国際社会に登場したのは、二〇世紀のはじめであった。バルト海東南地域に居住していたエストニア人、ラトヴィア人、リトアニア人は、これまで周辺の大国に翻弄され続けてきた。

この地域は中世以来、琥珀《こはく》海岸として知られ、ユーラシア大陸の東西南北の十字路の一つとして歴史的に重要な地域であった。そして東のロシア、西のドイツという二大勢力に挟まれた地政学的に重要な地域であった。さらに二〇世紀には、あたかも運命共同体のごとき歴史的体験をした。これらは、三国の人々に「バルト」としての地域単位が無視できないことを実感させた。ソ連からの独立回復後のEU、NATOへの加盟交渉においても、「バルト」としての単位を認識せざるをえなかった。そこにバルト海東南岸地域を「バルト」という一つの地域として捉《とら》え、三国の歴史を物語るのは意味があるように思われた。けっして、これは三国の面積や人口を合わせても小国と呼ばれるような規模であるという理由からではない。もともとエストニア、ラトヴィア、リトアニア自身が、「バルト」という概念を昔からもってきたわけではない。そこに「東欧」や「バルカン」のような地域概念との類似性を見出すことができないだろうか。

この「バルト」の概念を理解するうえで、バルト海東南岸地域の歴史を中世からたどりながら考えると、次第に「バルト」の概念が形成、醸成、展開されていく様子が明らかになる。そこには外的環境こそが「バルト」の概念の揺籃《ようらん》であることがうかがえる。他方で、そのように形成された「バルト」の概念が、バルト地域の自立を促し、助けていることが理解できる。これがバルト三国を無謀にも一つにまとめて歴史をたどってみようとする試みの理由である。

冷戦の終結後、世界が新しい秩序を模索するとき、「バルト」はロシアと欧米との関係構築のための重要な結節点となった。カール・ビルト元スウェーデン首相は、かつてバルト地域をロシアの民主化の進展を知るための「リトマス試験紙」と呼んだが、それは欧米の対ロシアへの関心を知るための「リトマス試験紙」であったともいえよう。

歴史をひもといてみても、戦間期のバルト三国、特にラトヴィアの首都リーガは、ソ連情報を獲得するための重要な役割を担った欧米各国の外交官やソ連専門家が活躍した場であった。その中には、ジョージ・F・ケナン、E・H・カーがおり、日本でも後に駐ソ大使となった新関欽哉《にいぜききんや》氏、重光晶《しげみつあきら》氏はロシア語学習のために第二次世界大戦直前のリーガに駐在していたのである。

バルト地域は地理的にはヨーロッパの北部中央に位置するにもかかわらず、歴史的には西欧、北欧、ロシアのどこからも常に周縁部としてみられてきた。今回のEU、NATOへの加盟では、内にロシア（飛び地カリニングラード）を囲むヨーロッパ東の周縁部となり、その重要性はこれまで以上に高まったのではないだろうか。この点を踏まえて、三国の地域がたどった歴史を考えてみたいと思う。

なお、本書では現在のエストニア、ラトヴィアの地域をさす場合、バルト海東岸地域とし、リトアニアの地域まで含む場合、バルト海東南岸地域としている。地名に関しては、他民族による支配の歴史を反映して複数の呼び名があるが、基本的に現在の地名表記とし、必要に応じ、当時の一般的な地名表記とした。次ページの表を参照されたい。また、巻末の「バルト三国史における主要人物名と地名」の項も参照されたい。

バルト地域関連主要地名対照表

	エストニア語	ドイツ語	ロシア語	ラトヴィア語
現エストニア	ヴァルガ	ヴォルク		ヴァルカ
	ヴィリヤンディ	フェリン		
	ヴル	ヴェロ		
	サーレマー	エーゼル		
	タリン	レヴァル	タリン	
	タルト	ドルパト	ユリエフ	
	ハープサル	ハプサル		
	パルヌ	ペルナウ		
	ヒーウマー	ダゲ		
	ペイプシ湖	ペイプス湖	チュド湖	

	ラトヴィア語	ドイツ語	ロシア語	エストニア語
現ラトヴィア	ヴァルカ	ヴォルク		ヴァルガ
	ヴァルミァラ	ヴォルマール		
	ヴェンツピルス	ヴィンダウ		
	クルディガ	ゴールドリンゲン		
	ダウガヴァ川	デュナ川	西ドヴィナ川	
	ダウガヴピルス	デュナブルク	ドヴィンスク	
	ツェーシス	ヴェンデン		
	ヤルガヴァ	ミタウ		
	リァパーヤ	リバウ		
	リーガ	リガ		
	レーゼクネ	ロジッテン		

	リトアニア語	ドイツ語	ポーランド語	ロシア語
現リトアニア	ヴィリニュス	ヴィルナ	ヴィルノ	ヴィーリノ
	カウナス	コヴノ	コヴノ	コーヴノ
	クライペダ	メーメル		
	シャウリャイ	シャウレン		
	ネムナス川	メーメル川	ニエメン川	ネマン川

その他関連地名

カリニングラード（現ロシア）ケーニヒスベルク（ドイツ語）

目次

物語バルト三国の歴史

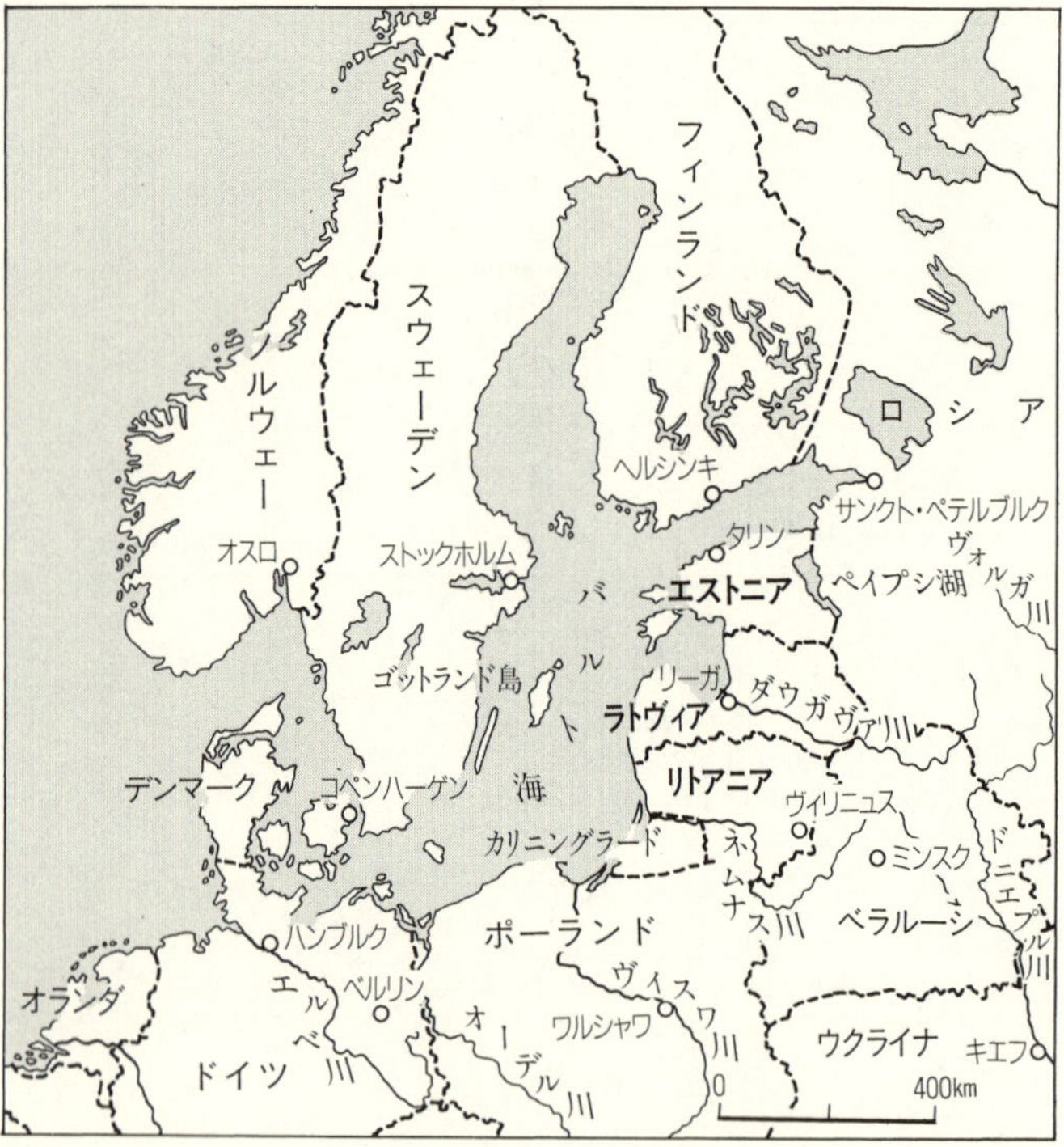

バルト三国と環バルト海諸国

第一章　バルトという地域

一　狭義の「バルト」、広義の「バルト」

中世の北欧商業権益を守るために各都市に結成された貿易商人の集団（ハンザ）の拠点の一つ、ドイツ北部のハンザ都市リューベックはバルト海沿岸に位置する。この港から週二便出ている、船荷と旅客をのせたフェリーでバルト海を東へ向かうこと約三八時間で、同じハンザ都市の歴史をもつラトヴィアの首都リーガ（ドイツ語名リガ）に到達する。リーガはバルト海から入り込むリーガ湾の奥、ダウガヴァ川の河口から一三キロメートルほど上流に溯《さかのぼ》った、バルト海東南岸地域最大の都市である。中世にドイツ人がバルト海東南岸に向けてバルト海に乗り出した目的地がこのリーガだったのである。ドイツ人は、なぜ、バルト海を東に向かったのだろうか？

その疑問を解くために歴史をふりかえると、さらに次のような疑問がでてくる。「バルト」という地域の広がりは一体どこをさしているのだろうか？「バルト海」という海の広がる地域全体をさすのだろうか？

バルトの歴史が語られるとき、狭義の「バルト」から広義の「バルト」まで多様な広がりをみせる。今日、一般にいわれる狭義の「バルト」は、エストニア、ラトヴィア、リトアニアのいわゆる「バルト三国」をさしている。三国は一九一八年に革命によって崩壊したロシア帝国から独立し、一九四〇年からはソ連邦に編入されてソヴィエト社会主義共和国となり、再び九一年に独立したのだが、このバルト三国を含み、バルト海を取り囲む地域や国々をさす言葉として、広義の「バルト世界」、「環バルト海地域」、「沿バルト海諸国」などといった呼称も用いられている。さらに「バルト」の名称を用いた「バルト帝国（Mare Balticum）」も歴史上存在する。

「バルト三国」の歴史を叙述しようとするとき、三国個別の歴史を足し算しただけでは捉えきれない。では「バルト三国」を一つの「バルト」としてその歴史を語ることができるのだろうか？　それができるとすると、なぜなのだろうか？　そのとき「バルト」の歴史を語る意義はどこにあるのだろうか？　このような疑問に答えるためには、本書では、まず狭義の「バルト」、つまり現在の「バルト三国」の地域がたどった歴史をふりかえってみることが必要であると考えた。これは、広義の「バルト」地域で「バルト三国」がどのように位置づけられ、今後どのような役割を果たしうるかを考える前提となるからである。バルト海の沿岸地域の中で、どのような「バルト」の概念が醸成されていったのか？　そして「バルト三国」にとって、その概念はどんな意味をもつのだろうか？　これを考えるためにも、まず狭義の「バルト」の地理的な広がりをみてみよう。

地理的広がり

バルト海はヨーロッパ大陸とスカンディナヴィア半島に囲まれた大きな湖のような内海で、九ヵ国が周囲を囲んでいる。その広さは日本の総面積にほぼ匹敵する三七万平方キロメートルの浅い海（平均水深五五メートル、最深四五九メートル）である。バルト海東南岸地域には、現在、北からエストニア共和国、ラトヴィア共和国、リトアニア共和国の「バルト三国」と呼ばれる国々がある。それらは東ヨーロッパ平原の北西に位置し、南西はポーランド共和国、ロシア共和国の飛び地カリニングラード、南東はベラルーシ、東はロシア連邦（ロシア共和国）、北はフィンランド湾を挟んでフィンランド、北西にはバルト海の対岸のスウェーデンに取り囲まれている。

バルト海に注ぐ二つの大河の一つは、ロシアの西部ノヴゴロド州とトベリ州北部のバルダイ丘陵に源を発し、ベラルーシを経てラトヴィアの中心を西方へと流れるダウガヴァ川（ドイツ語でデュナ川、ロシア語で西ドヴィナ川）、もう一つはベラルーシからリトアニアに流れ込み、下流ではロシアのカリニングラードとの国境線となるネムナス川（ポーランド語でニエメン川、ロシア語でネマン川）である。平原は森や沼沢が点在するのを特徴とし、なだらかな起伏はあるものの、三国地域の中での最高峰、エストニア南部のスール・マナマギでさえ、わずか三一八メートルの高さにすぎない。特に海岸線に沿った地域は低地で、リトアニアの海岸沿いには長さ約九八キロメートルのクルシュー砂州（高いところで海抜わずか六六メートル）がのびており、そこには有名な保養地ネリンガがある。

フィンランド湾やリーガ湾に多くの島嶼《とうしょ》があるのも特徴的である。特にエストニアは領土の一〇%が島嶼からなっており、その中でサーレマーが最大で、次いでヒーウマーが大きい。バルト海東南岸地域が低地であることは、エストニアの国土の九割が海抜一〇〇メートル以下、ラトヴィアでは約四分の三が海抜一二〇メートル以下、リトアニアでは海抜一五〇メートルを超えるのは、東部のベラルーシとの国境地域一帯と北西部地域である。ラトヴィアでの最高峰はガイズィニュカルンスの三一二メートルで、リトアニアでは二九三メートルのユオザピネス（東南部）があるにすぎない。

日本からヨーロッパへ向かう空路で、エストニア北部上空を通過する際、雲の切れ目から下方に見えるのは、点々とちらばる湖沼と森林であり、リーガの空港に着陸するとき旋回して下降する窓の外に見えるのは、眼前に迫りくる美しいバルト海の海岸線と多くの湖、そして森である。

気候はひえびえとして涼しく、湿気があるものの比較的穏やかなため、バルト海東南岸地域にはリーガ、リァパーヤに代表される不凍港がある。南西に位置するロシアの飛び地カリニングラードは冬でもさらに穏やかで、外洋への出口としてロシアの重要な良港（軍港）として知られている。三国のうち緯度がもっとも高いエストニアでは、夏至の頃には昼間の時間が一九時間もあるが、冬の昼間は大変短い。過ごしやすいのは五月から九月で、気温も摂氏一四度〜二二度程度、一一月から三月は四度以上になることは珍しく、一月から三月にかけては雪に覆われることが多い。厳しい冬には、フィンランド湾やリーガ湾が凍結することもあるが、バルト海そのものが氷結することはほとんどなく、最近は砕氷船の出番は少ないらしい。

北のエストニアの最北端から南のリトアニアの最南端までの距離はおよそ六五〇キロメートルであるが、国土面積をみると、北のエストニアの面積は四万五二〇〇平方キロメートル

（九州よりやや大きめの面積）で、領土の約一割を島嶼が占めている。真ん中に位置するラトヴィアは六万四〇〇〇平方キロメートル（北海道よりかなり小さい）で、一番南に位置して三国の中で最大の面積をもつリトアニアは、六万五二〇〇平方キロメートルである。バルト三国はスラヴ人（ロシア人やポーランド人）やゲルマン人（ドイツ人）の狭間《はざま》にあって小国のイメージを与えるが、実際には最小のエストニアでさえ、オランダやベルギーよりもずっと広いのである。

いま少しみてきたことからもわかるように、バルト地域はドイツ東北部のバルト沿海地域から、バルト海を取り囲むスカンディナヴィア諸国、リトアニアにつながるロシア領カリニングラードやポーランドと、大きな広がりをみせている。「バルト世界」とも称されることもうなずける。このことが、長い歴史の中でより広義の「バルト」の世界の形成を考える土台となるのである。

三つの首都

エストニアの首都タリン（人口四〇万八三二九人、二〇〇〇年現在）は、フィンランド湾で隔たったヘルシンキからわずか八〇キロメートルのところに位置する。タリンは一二八五年にハンザ同盟に加盟した都市で、ドイツ語名でレヴァルと呼ばれていた。そのほかの主要都市に、ロシアとの東部国境のナルヴァ、南部の大学町タルト（ドイツ語名ではドルパト）がある。いずれも通商の要衝でハンザ同盟の発展にかかわった。

ラトヴィアの首都リーガ（人口約八三万九七〇〇人、二〇〇〇年一月現在）は、ダウガヴァ川の両岸に町が広がっている。リーガは一二〇一年にブレーメンのアルベルト司教のもとにバルト海東岸に初めてドイツ人が城塞《じょうさい》を築いたところで、一二五二年には大司教座がおかれ、一二八二年にはハンザ同盟に加盟した。国家独立回復後の二〇〇一年に八〇〇周年祭が大規模に催された。リーガは多くの姉妹都市をもっているが、神戸市もその一つである。

ラトヴィアは、ダウガヴァ川右岸の東北および中部に位置するヴィドゼメと東のラトガレ、ダウガヴァ川左岸の南部に位置するゼムガレと西のクルゼメの四つの地方からなっている。主要都市としては、ダウガヴピルスやリァパーヤがあるが、その他のハンザ都市としてツェーシス（ドイツ語名ヴェンデン）、ヴェンツピルス（ドイツ語名ヴィンダウ）などがある。

リトアニアの首都ヴィリニュス（人口五五万三三八七人、二〇〇二年一月現在）は、建設が一三二〇年代に始められたといわれている。一九世紀から二〇世紀にかけては、その人口約一六万人のうち七万〜八万人がユダヤ人で、「北のエルサレム」と呼ばれるほどであった。ヴィリニュスは、戦間期、ポーランドに占領され、臨時の首都がカウナスにおかれていた。ここに、第二次世界大戦中、日本通過ビザを発行して多くのユダヤ人を救った外交官、杉原《すぎはら》千畝《ちうね》領事代理が勤務していた領事館があった。このほかにも、日本の岩手県久慈《くじ》市と姉妹都市を結んでいる港湾都市クライペダ(ドイツ語名メーメル)は、ドイツ人の町として発展してきた歴史をもっている。

リトアニアは、東のアウクシュタイティヤ(上リトアニア)、西のジェマイティヤ(下リトアニア)、南のズーキヤ、南西のスヴァウキヤの四つの地方からなっている。民族のシンボルとなっている「白い騎士」は一四世紀に始まるもので、リトアニア人がドイツ騎士団と死闘を繰り広げていた時代を物語っている(一三六五年から一四〇二年まで、少なくともドイツ騎士団から六回の攻撃を受けていた)。

二 「バルト」とは

そもそも「バルト」の表記「baltia」は、西暦一世紀頃にローマ時代の地理学者が著した旅行記の中に出ているというが、紀元前にその名称が用いられていたという説もある。「バルト海(mare balteum)」の名称は、一一世紀のブレーメンの『アダム年代記』にある。

しかし、これまでのところ「バルト」という言葉の語源についての定説はない。ここでは二つの説を紹介しておこう。一つは、ラテン語の「端、はて」といった意味に由来すると考えられるもの、いま一つは、「白い地」というバルト語からの意味に由来するというものである。バルト海のさざ波の「白く」輝く様子からきたとするものもある。ラトヴィア語のバルッ（balts）、リトアニア語のバルタス（baltas）は、ともに「白い」を意味する。ラトヴィア人は「バルト」という名称と概念を好み、特にそのアイデンティティ形成において「白い地」の語源が重視されている。

バルトに関係する言葉として、一九世紀末頃に生まれたドイツ語の「バルテンラント（Baltenland）」がある。これはバルト海東岸地域に居住していた「バルト・ドイツ人の故郷」という意味をもっている。また、「バルティッシュ（baltisch）」というドイツ語は、中世の頃からバルト海（ドイツ語ではオストゼー、東の海）とのかかわりで使われていたラテン語の「マーレ・バルティクム（Mare Balticum）」（バルト帝国）から派生したとされている。一九世紀末から二〇世紀にエストニア、ラトヴィア、リトアニアの新興国家が生まれる頃に使用されるようになった「バルツ」（Balts、ドイツ語ではBalten）は「バルト・ドイツ人」をさすものであって、この地域固有の諸民族と区別するために用いられるようになったと思われる。

ここでエストニア、ラトヴィア、リトアニア三国の地域の差異を明確にするために、もう少し細かく「バルト」の概念を整理してみると、言語的、地理的、歴史的、現代史的（政治的）の四つが考えられる。

言語と地理からみた「バルト」

まず第一に、言語的にみると、「バルト」はインド・ヨーロッパ語族に属するバルト語派からきている。このバルト語派に属するのは、現在のリトアニアの公用語であるリトアニア語、ラトヴィアの公用語のラトヴィア語である。かつては古代プロシア語もバルト語派に属していたが、中世のドイツ騎士団による東進と征服によって死語となり、地域名にプロシアを残すだけとなった。これに対してエストニアの公用語はエストニア語で、フィンランド語、ハンガリー語とともにウラル語族に属し、特にフィンランド語にきわめて近い。これがエストニア人の意識に大きく影響し、フィンランド人への親近感を強めている。

第二に、地理的あるいは行政区分としてみると、「バルト」は、すでに述べたように中世以来バルト海との関連で用いられることが多く、スウェーデンが支配した「マーレ・バルティクム（Mare Balticum）」（バルト帝国）や、ドイツ語の「バルティッシュ（baltisch）」は、バルト海沿岸地域全体をさすものとして用いられてきた。一八世紀末までに次々とロシア帝国の支配下におかれることとなったバルト海東南岸地域一帯は、特権階級バルト・ドイツ人の「オストゼー諸県（Ostsee Provinzen）」を踏襲して「オストゼースキー・グベルニ（Ostzeiskie gubernii)」(バルト海諸県)として一八六〇年代半ばまで用いられていたが、厳しいロシア化政策期に、一八六四年のゼムストヴォ制(地方自治体の機関)導入にともない「沿バルト諸県(プリバルティスキー・グベルニ)」へと再編された。この背景には、バルト・ドイツ人の政治的影響力の縮小が求められていたこともあろう。バルト・ドイツ人のロシア帝国中央の政治・軍事的要職への進出は目覚ましく、そのためドイツ語由来の名称「オストゼースキー」をロシア語による地理的名称の「プリバルティスキー・グベルニ(Pribaltiiskie gubernii)」に変えたのであった。

ロシアの「沿バルト諸県」とは、エストリャント県、リフリャント県、クールリャント県、つまり、ほぼ現在のエストニア、ラトヴィアの地域をさす中世のエストラント、リヴラント、クールラントを引きつぐものであった。しかし、ここには現在のリトアニアと、ポーランド領からロシア帝国支配下におかれたラトヴィアの東部は含まれない。後述するが、当時のリトアニアはポーランドと同一視されており、地理的あるいは行政区分としてみたとき、「バルト」の概念にはリトアニアの地域は入ってこないのである。

歴史的にみた「バルト」

この地理的な概念の背景をなすのが第三の歴史的なもので、バルト・ドイツ人の存在と一体となっている。つまり一二世紀にドイツ人がバルト海東岸地域の支配を目指して進出し入植していった地域の歴史である。ドイツ人がエストラント（現在のエストニア北部）、リヴラント（現在のエストニア南部とラトヴィア北部）、クールラント（現在のラトヴィア西部）と呼んだ地域とほぼ重なっていた「リヴォニア」の歴史をぬきにエストニア、ラトヴィアの歴史は語れないのである。ちなみにエストラント、リヴラント、クールラントの名称は、子供の頃に読んだ一八世紀の物語『ほら吹き男爵の冒険』の中で、主人公がドイツからペテルブルクへ出かける街道の途中に出てきたことが思い出される。

ドイツ人が進出した地域には、二〇世紀まで地域の上層階級、商人、聖職者が定住し、「バルト・ドイツ人」と呼ばれた。植民活動を展開させたドイツ人は、リトアニア方面にも南下進出しようとしたが、これを達成することはできなかった。かつてダウガヴァ川以北のラトヴィア、つまりリヴラントとペイプシ湖（チュド湖）以南のエストニアの地域をさして用いられていた地方名でリヴォニアと呼ばれる地に、帯剣騎士団がつくり上げた領土（帯剣騎士団領）は、後にネムナス川以南のプロイセン（現在のドイツ北東部からポーランド西部にかけての地方名）に進出したドイツ騎士団の傘下におかれ、「リヴォニア騎士団領」と呼ばれるようになる。このリヴォニア騎士団領の解体でエストラント、リヴラント、クールラントは別々の国に編入されていったが、その後ロシア帝国によって再び一緒になって生き残り、エストニア、ラトヴィアという双子のような国家の母体となるのである。

ロシア化政策の進められた一九世紀末には、バルト・ドイツ人の中に、当時統一国家を成立させたばかりのドイツ帝国とのつながりを強化しようとしたり、第一次世界大戦中に「バルト国家」の成立に奔走したりするものも現われた。第一次世界大戦後、三国が独立国家となると、この地域を離れるバルト・ドイツ人もいた。そして一九三九年の独ソ不可侵条約とその付属議定書によってバルト地域がソ連邦の影響下におかれると、ただちに、バルト・ドイツ人のドイツへの「帰還」（何世紀何世代にもわたって当地に住んだ人々に帰還という言葉がふさわしいかどうか疑問は残るが）が進められ、第二次世界大戦後にはこの地域のドイツ人はほとんどいなくなった。

「バルト」の政治的概念

中世以来ポーランドと歴史を共有してきたリトアニアが「バルト」に入ってくるのは、第一次世界大戦後に独立国家となってからのことである。これ以後「バルト」には、政治的な概念がついてまわるようになる。

第一次世界大戦後、一時「バルト」という語は、バルト海沿岸地域のフィンランド、エストニア、ラトヴィア、リトアニア、ポーランドをさす場合もあった。これら諸国の共通性は、ロシア帝国から独立したという点であった。このような広義の「バルト」とは別に、エストニア、ラトヴィア、リトアニア三国をさす狭義の「バルト」が、欧米の政治家やジャーナリストの間で語られ始めた。それに対し、第二次世界大戦勃発《ぼっぱつ》直前の一九三八年に、イギリス王立国際問題研究所から出版された『バルト諸国』の序の中に、エストニア、ラトヴィア、リトアニアを「一つのグループ」として捉えることは恣意《しい》的だとする意見がみられた。この三国を一つの単位として捉えることの背景に政治的な意味合いのあったことが理解できるのである。

第一次世界大戦中の一九一七年、ロシア帝国の瓦解《がかい》の機を捉えてバルト海東南岸地域で起きたバルト三国の分離・独立運動は、反ボリシェヴィキという共通の目標のもとに活動を展開し、小規模な連邦構想だけでなく、広範なバルト海沿岸地域やロシア帝国西部国境地域の連邦構想までも浮上させることとなったが、いずれも日の目をみることはなかった。あえてその成果をあげるなら、一九三四年にエストニア、ラトヴィア、リトアニアの間で調印された「バルト協商」ということができるだろう。第一次世界大戦後のヴェルサイユ体制下、ボリシェヴィズムの「防疫線」の役割を担うことを期待され、東ヨーロッパの緩衝国家群の一つとして西欧列強によって独立を承認された三国は、おそらく欧米列強の政治家の頭の中には、エストニア、ラトヴィア、リトアニアといった個々の小国は入っていなかっただろう。

第一次世界大戦中からかなり高い関心を示し、独立へのプロセスにも関与したイギリスの外交官でさえ、ときに三国の名前を混同することもあった。第二次世界大戦前の日本の外交文書にも、三国それぞれの国について日本政府がもっと関心をもつように喚起しているところがある。これも当時の政府が「バルト諸国」としてしか認識していなかった証左であるともいえよう。「バルト諸国」という一つの単位で捉えることこそが、対ソ連邦への最重要関心事であったことは想像に難くない。

だが、第二次世界大戦勃発まもない一九四〇年、バルト三国はソ連邦へ編入され、戦時のドイツ軍占領期を経て、戦後はソ連邦の共和国を構成することとなった。この混乱の時期、それに続く戦後の農業集団化の時期に、同地域からは、多くの難民や亡命者が、バルト海を海路でスウェーデン、フィンランド、ドイツへ逃れ、また、陸路を西に向かってドイツへと逃れた。赤十字の船で一九四七年にドイツへ逃れた人々の一人シルデ（戦間期、ラトヴィアの独立時代に極右政党に参加）は、その船がドイツへ向かう赤十字の最後の船だったと、筆者がドイツのミュンスターで一九八八年にインタビューした折に語っていた。二〇〇四年六月、大統領に返り咲いたリトアニアのアダムクス大統領も、ラトヴィアのヴィッチェ＝フライベルガ現大統領も、この動乱の時期に故郷を離れた多くの人たちの中にいた。特に第二次世界大戦中、ソ連軍の再占領から逃れて故郷を離れた人たちの多くがまず最初に目指したのがドイッで、逃れた人々は各地に集い、ハンブルクに三国の人々が協力してバルト大学をつくって、自らの子弟の教育に力を注いだ。その後、多くはアメリカ、カナダ、オーストラリアなどへ向かい、ドイツから離れていった。故郷を離れた彼らは協力して、ソ連邦による故国の不当な編入に対する抗議の声を各地であげた。戦間期の独立国家の時代には三国間の協力が貧弱であったにもかかわらず、独立を喪失したとき協力への認識が高まったことは、皮肉な話である。

一九九一年までのソ連邦時代のエストニア、ラトヴィア、リトアニアの三社会主義共和国は、中央集権的なモスクワ政府のもと、沿バルト海地域として軍事、漁業、通信をはじめとするさまざまな分野で、一つの単位として扱われてきた。なかでも、カリニングラード州を含む沿バルト軍管区は、冷戦下のソ連にとってきわめて重要であった。一九八〇年代半ば以降、三つの社会主義共和国内で高まってきた民主化の運動は、国際社会にあたかも三つ子のようになった三国を「バルト」として認識させた。一九八九年、三国の人々がエストニア、ラトヴィア、リトアニアを結んだ「人間の鎖」による独ソ不可侵条約への抗議デモは、象徴的であった。二〇世紀を通して、この地域があたかも運命共同体であったかのような印象を与えるものであった。ロシア帝国から脱し、独立国家をつくり、さらにソ連邦下でそれを喪失し、再び独立を回復したという運命である。ロシア（ソ連）とドイツという大きな勢力の狭間におかれて国際政治に弄《もてあそ》ばれた小国群という印象を、世界に強くアピールしたということになるかもしれない。

国外の亡命者や難民の間での協力と、ソ連邦内での「沿バルト海」という地位が、三つの社会主義共和国の人々に、「バルト」という一体性の意識を高めるために与えた影響も見逃すことはできないだろう。これこそが、「バルト」がエストニア、ラトヴィア、リトアニアの三国をさすこととなった背景であろう。

三　言語と諸民族

一九世紀の半ばから発達した言語学によると、ラトヴィア語、リトアニア語は、インド・ヨーロッパ語族のバルト語派に属している。同じバルト語派に属していた諸部族であるラトガレ族、ゼムガレ族、セロニア（セル）族はラトヴィア人へと統合されていった。ラトガレ族の名称がラトヴィアの由来といわれている。

リトアニア人へとまとまっていったのは、バルト語派の諸部族で南部にいたサモジチア族、セロニア（セル）族、ヤトヴィガ族などであるが、中世には早くもリトアニア人としてのアイデンティティをもつにいたっている。また、一七世紀までにラトヴィア人やリトアニア人に同化されてしまった部族クール族は、バルト語派とも、また後述のリーヴ人によって同化されたフィン・ウゴル語派ともいわれている。

これに対して、北に住むエストニア人はウラル語族のフィン・ウゴル語派に属し、フィンランド語に近いエストニア語を用いている。現在死滅しつつあるリーヴ語を話すリーヴ族は、言語的にはフィン・ウゴル語派に属するが、もともと現ラトヴィアのダウガヴァ川流域からその北部、バルト海沿いに住んでいた。西からはドイツ人の侵入にさらされ、東からはラトヴィア人によって北へ押され、また同化された。リーヴ語を話すリーヴ人はソ連時代の一九八〇年代半ばに九〇～一〇〇人程度が残っており、その多くは老人であったため、実質的には死滅したといえるかもしれない。

ここで興味あるのは、言語を異にするエストニア人とラトヴィア人がリヴォニア騎士団領にあって共通の歴史を育《はぐく》み、同じ言語グループのリトアニア人とラトヴィア人が地域を分かち、別の歴史を歩んだことである。

民族意識

バルト海東岸に住む人々が、エストニア人、ラトヴィア人という意識をもつようになったのは新しく、一九世紀後半になってからのことである。エストニア人、ラトヴィア人という

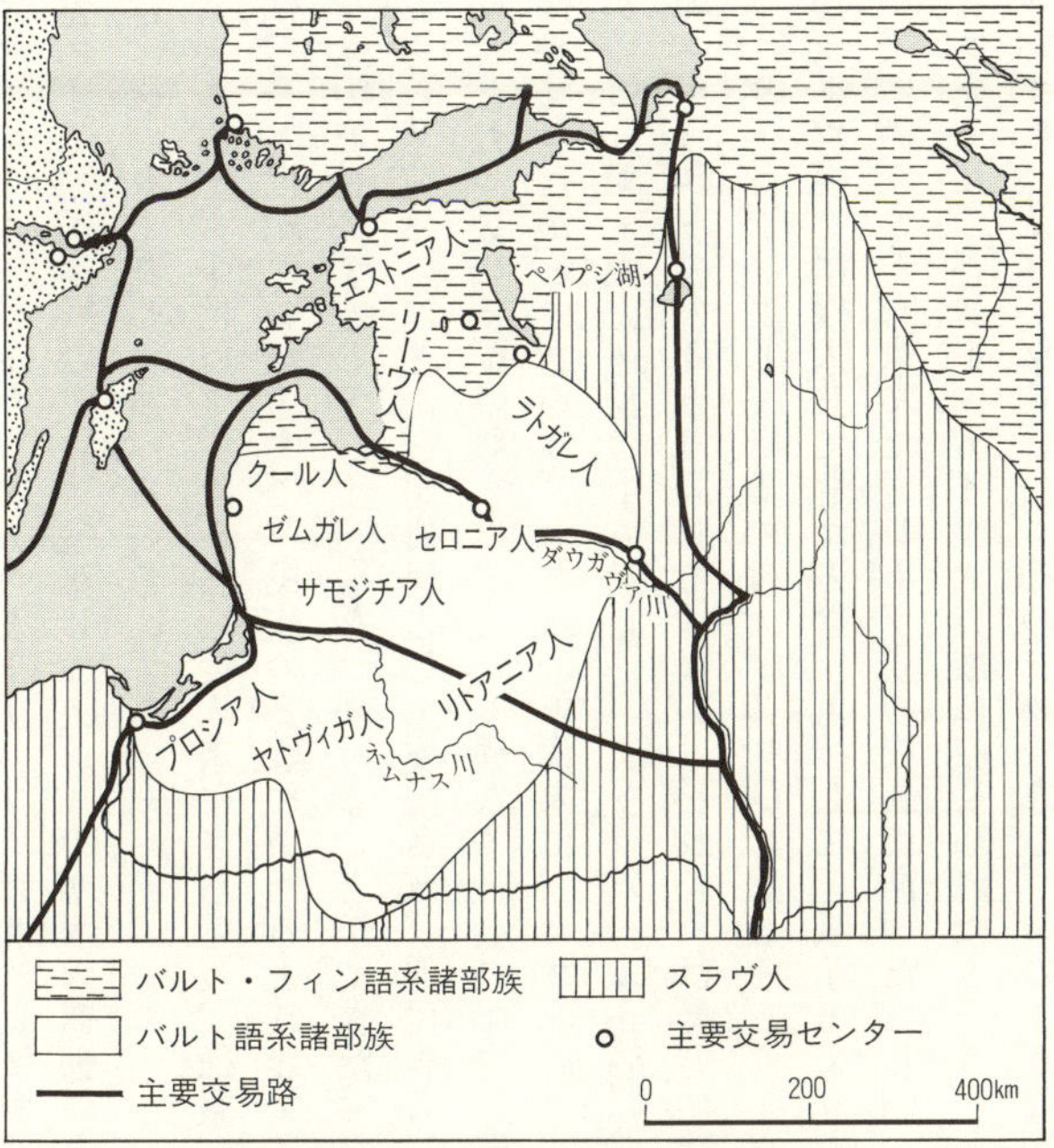

10世紀初頭のバルト海東南地域の諸民族の分布

名称の使用は、ナショナリズムの高揚と「民族国家」の希求、そして国民国家の成立の過程で始まったが、それは一九世紀末から二〇世紀にかけてのことであった。一方、バルト海東南岸に住むリトアニア人は中世以来、ポーランド人と歴史をともにしていたため、彼らが独自の民族意識をもつにいたるのは、エストニア人、ラトヴィア人よりもさらに遅れた。

一九一七年に起きたロシア革命後の一九一八年に、

エストニア人、ラトヴィア人、リトアニア人は相次いで独立を宣言した。これら諸民族を基盤とする国民国家の成立は果たしてナショナリズム運動の成果であったのだろうか？　それは、後の章で詳しく述べることにする。

ところで、中世以来、外からの侵入者にさらされ、征服、支配されてきたこの地域の人々は、一九世紀にいたるまで、民族の覚醒《かくせい》にいたるようなアイデンティティを生み出す連帯感を途中で喪失することなく、もちつづけることができた。なぜできたのだろうか？　それは、おそらく彼らのほとんどが農民として支配され、他民族もしくは、同民族ながらも他民族に同化した少数の支配階級とはまったく異なる社会の中で、苦しい生活を余儀なくされ、生き残ってきたからであろう。一九八〇年代末に、エストニア、ラトヴィア、リトアニアがソ連からの分離・独立運動の中で示したモスクワへの平和的な接近方法を、「バルトの人々は他のソヴィエトの人々とは同じではない。われわれは暴力に助けを求めない」とアナトール・リーヴェンが説明しているのは大変興味深く感じる。リーヴェンの先祖は、中世にドイツ人がラトヴィアに侵入してきたとき、抵抗して全滅するよりも、部族が生き延びるためにドイツ人に従うことを選んだ、リーヴ族の族長であったらしい。このため先祖はフォン・リーヴェンとして、バルト・ドイツ人貴族に叙せられたという。一九一七年のロシア革命で白軍を率いて戦ったリーヴェン公もその一族である。このような例は他にもみられる。

第二章　中世のバルト――リヴォニアとリトアニアの成立

一　ヴァイキングの進出

現在、バルト三国の首都にそれぞれある歴史博物館を訪れたときに目を引くのが、いずれも石器時代の展示である。祖先の痕跡《こんせき》を石器時代にまで遡ることができることを誇りにしているようだ。遺跡の説明やその発掘品の展示に力を入れていることは一目瞭然《りょうぜん》である。その理由はどこにあるのだろうか？

エストニア人とラトヴィア人が初めて国家をもったのは、二〇世紀になってからのことである（一九一八年に独立を宣言）。新しい国であればこそ古い先祖の歴史を重要視し、そこにアイデンティティを求めようとする。他方、リトアニア人は中世ヨーロッパの中で大国ともいえる国家をもち、誇ることのできる民族の歴史を有しているが、ここでも、栄光の歴史の中にアイデンティティを求めるのはいうまでもない。だが、三国を含むバルト海東南岸地域の歴史を少し眺めるだけでも、この地域が周辺の諸民族、諸国家の侵入によって翻弄《ほんろう》され蹂《じゅう》躙《りん》され、自己の存在を確立するどころか消滅しかけたこともあったことがわかる。

紀元前から中世にいたる間、バルト海東南岸地域が東西南北の交易の十字路として人々の交流の場であったことは、この地域からローマ帝国の硬貨などが発掘され、ローマ帝国領地域ではバルト海沿岸産の「太陽の石」とも呼ばれる琥珀が発掘されていることからも知られる。九世紀から一一世紀頃になると、この地域は交易通商路として古代ローマ時代よりさらに重要になっていた。それは、当時のアラブ、ビザンティン、アングロサクソン、ゲルマンの硬貨の出土によって示されている。

バルト海東南岸地域は、古代ローマ時代のタキトゥスの『ゲルマニア』に記されているが、一一世紀頃になると、この地域に古くから住んでいたエストニア人、リーヴ人、ラトガレ人のことが西欧世界の人々に紹介されている。このことは交易の重要性が増してきていることを示しているだろう。

ノヴゴロド公国の建国

ヴィスワ川とドニエプル川に挟まれた低地に居住していた人々は、フィン系の諸部族との接触を除くと九世紀頃までは、外界との接触はきわめて少なかったようである。これを最初に乱したのが、大陸のスラヴ人とスカンディナヴィア半島のヴァイキングであった。スラヴ人のほうは六世紀頃から北上し、ヴィスワ川近辺の住民と接触すると向きを変え、東北のドニエプル川沿いへと移動していった。

一方、ヴァイキングのほうは、バルト海が「ヴァリャーグの海（Varangian Sea）／スウェーデン海」あるいは「東の海（Ostsee）」とも呼ばれていたことの中にその歴史をみつけることができる。ユトランド半島やスカンディナヴィア半島で農業を営んでいたノルマン人（ノルド人）は、八世紀末頃に海外に進出するようになった。ときに略奪もともなう貿易を行なうヴァイキングとして知られている。ノルマン人はすでに七世紀にはスラヴ人の住む地域に進出していたが、ロシアからビザンティン帝国へいたる通過貿易の拠点を確保するために、九世紀から一〇世紀にはバルト海東南岸に進出を拡大していた。こうしてノルマン人は、北からバルト海東南岸地域を通りヴィスワ川に沿って南下する「琥珀の道」を経てローマへ、また東進してダウガヴァ川を上流へと溯ってロシアのほうへ活動を広げていった。

ヴァイキングの活動は交易にとどまらなかった。東進してロシアの地に定住した一団は、八六二年にノヴゴロド公国を建国している。ノヴゴロドはダウガヴァ川とヴォルガ川の二つの水源近くに位置している。バルト海東南岸地域は海を通して南北だけでなく、西欧とノヴゴロド（後のキエフ・ルーシ）を結ぶ東西の交易の通過貿易拠点ともなっていった。同時に、バルト海東南岸地域に住む諸族、後のエストニア人、ラトヴィア人、リトアニア人にまとまっていくエストニア族、リーヴ族、クール族、ゼムガレ族、ラトガレ族、サモジチア族、セロニア（セル）族、プルゼン（プロシア）族、ヤトヴィガ族などは、ヴァイキングやキエフ・ルーシに対して朝貢する立場にあった。

東からバルト海方面へ進出を企てていたキエフ・ルーシのヤロスラフ公は、一〇三〇年にリーヴ人の住む地ユリエフ（エストニア語名タルト、ドイツ語名ドルパト。一九世紀後半のロシア化政策の推進で、ドルパト大学の名称はユリエフ大学と改名された）に城を築き、支配の拠点にした。しかし、それはせいぜい三〇年ほどの期間にとどまった。

八世紀頃にスカンディナヴィア半島からバルト海を渡って進出し始めたヴァイキングは、バルト海の島ゴットランドを拠点にバルト海東南岸の住民をしばしば急襲し、多くの居留地をもち始めた。その痕跡も地名や島の名前に残されている。スウェーデンのエリック王の時代に、エストラントとクールラントをその支配下においたが、九世紀頃にはそれを失ったことが『サガ』（北欧の叙事口承文学）に記されている。

スカンディナヴィア半島から乗り出してきたヴァイキングの居留地は一〇世紀頃までにはすべて消滅し、一一―一二世紀になると、それに取って代わってユトランド半島のデーン人（現在のデンマーク人）が、一二一九年に現エストニア北部を占領し、領土とした（エストニアの首都タリンはエストニア語で「デーン人の町」という意味である）。しかし、リヴォニア騎士団に領土を売却し、デーン人は一三四六年にバルト海東南岸地域から去っていった。

ヴァイキングの痕跡は決してこの地域に多く残されているわけではないが、彼らがつくり出した通商ルートは後々まで大きな意味をもった。ヴァイキングはノヴゴロドに拠点をもち、ヴォルガ川を下ってカスピ海や黒海への通商ルートをつくっていたが、これは後のハンザ同盟のドイツ人商人、オランダ人商人、イギリス人商人が、バルト海を通じてロシアの内部と通商を行なう先駆けとなった。

二　ドイツ人の進出――騎士団領の成立

ヴァイキングについで一二世紀末に登場したのがドイツ人であった。彼らはプロイセン（オーデル川とネムナス川の間の地域）とリヴォニア（現在のエストニアとダウガヴァ川以北のラトヴィア）に現われた。リヴォニアは後のエストラント、リヴラント、クールラントとなる地域で、進出したドイツ人の末裔は、二〇世紀にいたるまでこの地域の社会に強い影響を与えることとなった。

ドイツ北部の港町リューベックのドイツ人商人は、ロシアの毛皮を求めて、すでに一二世紀中頃には、バルト海にあるゴットランド島のヴィスビーに拠点をおいて商業活動を行なっていたようである。一一五六年には、ゴットランド島に商人の集落があったことが知られている。彼らは、一二世紀末になると、ノヴゴロド、キエフ・ルーシとの貿易を求めて、さらに東に向けてバルト海東南岸にも活動を拡大し始め、ダウガヴァ川を溯っていった。この商業活動に加わったアウグスティノ修道会の宣教師マインハルトは、ダウガヴァ川沿いのリーヴ人の集落イクスキュル（ラトヴィア語でイクシュチレ）に小さな要塞と教会を建て（一一八四年）、バルト海東岸で最初の司教に任命された（一一八六年）。マインハルトの死後、イクスキュルの司教になったベルトルドは、一一九八年には現地のリーヴ人との争いで死亡したため、多くの土地がキリスト教支配から一時的に解放された。

しかし、まもなくドイツ人によるリーヴ人の住む地リヴラントの支配が再開された。リヴラントの司教に任命されたブレーメン大司教の甥《おい》アルベルト（在任一一九九―一二二九）が、一二〇〇年の春に二三隻の船でリューベックから到着し、キリスト教化に向けての本格的な活動を始めたのである。彼はドイツ本土との間を何度も行き来して（総計一四回を下らなかったらしい)、植民地化のために必要な手助けを確保してきた。一二〇一年にアルベルトは、リーガ湾に注ぐダウガヴァ川の河口からおよそ一三キロメートル溯った地で町の建設に着手し、一二一一年に司教座聖堂を設立(バルト海沿岸では、リューベックに次ぐドイツ人司教の都市)し、リガ司教になった。これが、現在もリーガ旧市街の中心ともいえるドーム教会である。こうしてリーガが宗教の砦《とりで》となるとともに、商業の中心地、さらにドイツ人による植民地化の拠点ともなっていった。

リーガの名は、ダウガヴァ川支流の、以前に要塞が建設されたことがあったリーゲ川に由来する。リーゲ川は一七七三年に土砂で埋まった。

そもそもリーヴ人の漁村近くにリーガがつくられたきっかけは、リーヴ人の族長カウポがこの地域で最初のキリスト教徒となったからである(一二〇三年)。一九世紀の民族運動の時代に伝説にもとづいて創作されたラトヴィア人の民族叙事詩『ラーチプレーシス(熊を裂く人)』の中でも、リーヴ人の間で信頼の厚かった族長カウポが、十字軍にあざむかれてローマ教皇に会うために旅し、キリスト教徒になる様が描かれている。

ちなみにこの物語は、ロシア語からの翻訳であるが、『勇士ラチプレシス』(講談社)と題して訳され、一九五八年に児童向け全集の一冊に入っている。ダウガヴァ川沿いにあるラーチプレーシス博物館を訪ねた折に筆者はその話を聞き、大変驚いたのだった。

ドイツ騎士団とキリスト教化

ドイツでは一一七一年に、フィンランドやエストニアに向けての「北方十字軍」が結成されている。この騎士団の一派は、キリスト教の布教を目的として先のドイツ人商人の基盤を背景にしつつ、バルト海を渡ってリヴォニア（進出したドイツ人がバルト海沿岸に住むリーヴ人の地につけた名称のラテン語化したもの）にも進出してきたのである。それに対して激しく抵抗したサーレマー（ドイツ語名エーゼル）島やクールラントの人々が正式にキリスト教化されたのは、前者が一二二七年、後者が一二三〇年であった。だが、現地の諸部族には、新たに出現した十字軍勢力に対抗するために、周囲の諸部族を結集させることができるほどの実権者がまだ現われていなかった。

ドイツ人がリヴォニアの地に最初の本格的な拠点としてつくったのはリーガで、一二〇一年のことである。それから八〇〇年たった二〇〇一年に、先に述べたようにリーガの八〇〇周年記念行事が、第二次世界大戦中に破壊された建物の復興を観光の目玉として行なわれ、町はお祭りに沸いた。この八〇〇年の町の歴史が、バルト・ドイツ人の歴史なしには成り立っていないことを考えると、少し皮肉にも思えてくる。

この地でのドイツ人の活動は、商人、宣教師、騎士があたかも三位一体となって展開された。ロシア人との通商を求めるドイツ人商人にとっては、十字軍の名のもとに集まる騎士の力と教会の権威による保護が必要であった。ドイツ人が一二〇〇年頃に進出し始めたバルト海の東岸地域では、人々は依然として部族単位の社会を維持していた。彼らの社会には中央集権的な力がまだ存在していなかった。例外は東南岸地域に住むリトアニア人で、すでに政治的にある程度まとまった社会を構成していた。この相違こそが、両者のその後の歴史や文化に強い影響を及ぼし、大きな差異をもたらすことになった。

これ以後、リヴォニアの地は経済的にも政治的にもヨーロッパ社会との密接な関係をもち続け、ヨーロッパ社会の勢力均衡の枠内に組み込まれていった。キリスト教化の様子は、『リヴォニアのヘンリー年代記』（一二世紀末に宣教師マインハルトにより教育のためにドイツへ送られた地域住民の少年が、帰郷後、初期の十字軍や宣教師の活動について個人的体験を記述したもの）に詳細な記述がみられる。

帯剣騎士団とリガ司教アルベルト

リヴォニアの地でのキリスト教化を支えたのは、教会に招集されてやってきた十字軍騎士の存在であった。リガ司教の指揮下に一二〇二年に成立した帯剣騎士修道会は、征服地の防衛と拡大をするための常備軍ともいえるものであった。この拠点になったのが、ダウガヴァ川岸に今も残るリーガ城である。「帝国直属侯」に任じられたリガ司教のアルベルトは、帯剣騎士団との共同でエストニア人居住地域を支配することが認められた。一二一一年には、エストニア人居住地域にも司教が任じられた。

北方へ向かうドイツ人の布教活動は、エストニア人居住地域の征服を目指した。さらに、キリスト教化されたエストニア人の支配をめぐって、リガ司教アルベルトはスウェーデンのルント大司教区と争い、デーン人に支援を求めた（一二一八年）。すでにバルト海への入り口の支配を固め、一二一九年には海を渡ってエストニア人居住地域を占領していたデーン人に助けられ、アルベルト司教はエストニア人居住地域の島々と北部エストニアを領有した。帯剣騎士団は、バルト海のゴットランド島に進出していたドイツ人商人とともに、デーン人が征服していたバルト地域北部の町を奪い、一二三〇年レヴァル（現タリン）を建設した。しかし、レヴァルは再び一二三八年にデーン人の手に取り戻される。一二八五年にハンザ同盟に加盟した。

帯剣騎士団はローマ教皇によって正式に認められた。そのためアルベルト司教と帯剣騎士団の征服活動は正当化され、土着の諸部族の激しい抵抗は弾圧にあい、多くの血が流された。現在、ラトヴィアの国旗に用いられている赤は、その抵抗の血の色ともいわれている。『リヴォニアのヘンリー年代記』には、およそ二〇年間続いたエストニア人の抵抗によって多くの血が流されたと記されているが、この闘いにはドイツ人によってすでに征服されていたリーヴ人やラトガレ人が帯剣騎士団側として動員されたらしい。エストニア南部のエストニア人を率いて帯剣騎士団と闘った南部サカラの指導者レンビトゥが死ぬと、エストニア人の居住地域は急速にドイツ人支配下におかれていった。帯剣騎士団は封土を認められ、現ラトヴィア、エストニアの大半が帯剣騎士団領（後のリヴォニア騎士団領）および司教領となっていく。

リヴォニア騎士団領

一二三六年、現リトアニアのサウレ付近でリトアニア人に奇襲されて帯剣騎士団が壊滅したあと、その遺産はプロイセンで活動を展開していたドイツ騎士団に移譲された。同年、ドイツ騎士修道会は帯剣騎士団との統合を決定すると、翌年、ローマ教皇グレゴリウス九世はこの統合を承認した。この結果、プロイセンのドイツ騎士団はリヴォニア地方にも進出することとなった。この背景には、帯剣騎士団がすでに征服していたリヴォニアの地方は、プロイセンを守るうえで重要であるというドイツ騎士修道会の考えがあった。ドイツ騎士団はさらにゼムガレン（ラトヴィア語でゼムガレ）、クールラント（ラトヴィア語でクルゼメ）の征服を進め、その征服地全体が「リヴォニア騎士団領」と呼ばれるようになった。プロイセンのドイツ騎士団領とバルト海東岸のこのリヴォニア騎士団領が海岸に沿って地続きでつながったのは、一二五二年にドイツ人がメーメル（現リトアニアのクライペダ）の町を建設したときのことであった。

だが、ドイツ騎士団の北東方面への征服は阻まれた。阻止したのはノヴゴロド公アレクサンドル・ネフスキーで、エイゼンシテイン監督の映画『アレクサンドル・ネフスキー』に描かれた。一二四二年チュド（ペイプシ）湖の「氷上の闘い」でドイツ騎士団は敗北した。『ノヴゴロド年代記』によれば、ロシア人はレットガリア（ラトヴィア語でラトガレ）を再び獲得したとあり、現ラトヴィアの東部地域は、騎士団とロシア人との衝突の最前線であったことがわかる。また、南のリトアニア方面でも進出を阻まれた。ドイツ騎士団は一二六〇年のドゥルベの闘いでリトアニア人に敗北したからである。

リーガは一二八二年にハンザ同盟に加盟し、以後、東北ヨーロッパの中心地の一つとして急速な経済発展を遂げていった。また、リヴォニア騎士団によって征服されていった領土は防御の拠点として、騎士団や司教に属する城が建設されていった。東部にはデュナブルク（現ラトヴィアのダウガヴピルス）、ロジッテン（現ラトヴィアのレーゼクネ）、マリエンブルク（現ラトヴィアのアルクスネ）、ノイハウゼン、ノイシュロス、またリヴラントには、ダウガヴァ川沿いのクォクネセ、ホルム島、アイズクラウクレ、ダウガヴァ川の北には、ゼーゲボル

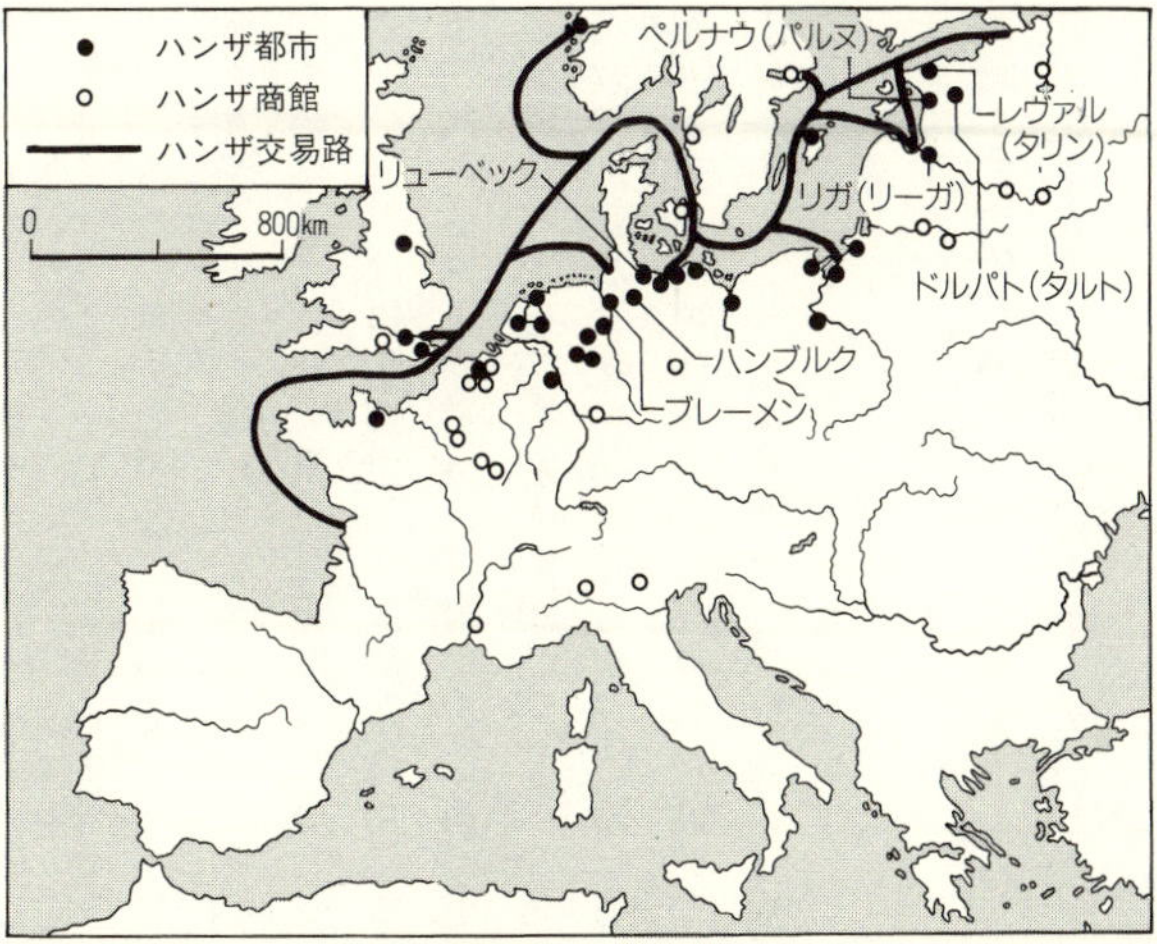

13世紀のハンザ都市

ト（現ラトヴィアのシグルダ）、ヴェンデン（現ラトヴィアのツェーシス）、ヴォルマール（現ラトヴィアのヴァルミァラ）、フェリン（現エストニアのヴィリャンディ）等々である。

リヴォニア騎士団領の第二の港町として発展していったタリンは、古くからの交易の地であったエストニア人の集落トーンペアに由来している。そこは一一五四年にデーン人の王ヴァルデマール二世によって征服されたが、一二一九年に建てられた「カストルム・マユス（主城）」を中心に町の建設は進み、町が帯剣騎士団の支配下におかれると、「カストルム・ミヌス（副城）」が一二二七年から一二二九年にかけて建てられ、町の防備をさらに固めていった。イグネの『ドイツ植民と東欧世界の形成』によると、一三―一四世紀にかけてリヴォニア騎士団領はドイツ人騎士を領主として入植させていくが、一四五〇年までに封土を得て領主となった騎士はわずかに四二人にすぎなかった。

ところで、西欧で顕著になっていた神聖ローマ皇帝とローマ教皇との争いを反映する騎士団と司教との間の確執は、すでに一三世紀には帯剣騎士団とリガ大司教やシトー修道会との間で始まっていた。帯剣騎士団の征服した土地がアルベルトに封土として与えられた後、その三分の一は帯剣騎士団に返還された。アルベルトの死後、帯剣騎士団の征服に対して、リガ司教、シトー修道会は非難の声をあげていた。大司教が異議を唱えた理由は、聖職者による異教徒への伝道を騎士団が妨害している、また、リーガとリトアニアの間の通商、つまり異教徒に武器や食べ物を売るのを妨害している、というものであった。一二九八年に騎士団とリーガの町の住民の間で勃発した闘いでは、騎士団から町を守るためにリガ大司教は、リトアニアによって提案された異教徒の守備隊を、リーガの町の城壁内に受け入れるほどに対立は激化していた。

騎士団領の拡大

ドイツ人との間で覇権を争っていたにもかかわらず、デーン人の王ヴァルデマール四世（在位一三四〇―七五）は一三四一年、騎士団長にデーン人支配の三つの町、レヴァル、ヴェーゼンベルク（現ラクヴェレ）、ナルヴァを銀貨一万三〇〇〇マルクで売却した。こうして一〇〇年余にわたって支配したデーン人は、バルト海東岸地域から引き揚げた。

在米エストニア人の歴史家ラウンの『エストニアとエストニア人』によると、デーン人の北部エストニア支配からの撤退理由は、支配のためにおかれたデーン人の数が非常に少ないこと、地域の人々が協力して大きな反対勢力をつくり始めたこと、本国から離れた地域の支配に経費がかかりすぎることにあったという。この売却の結果、騎士団領は北部エストニアまでその領土を拡大した。

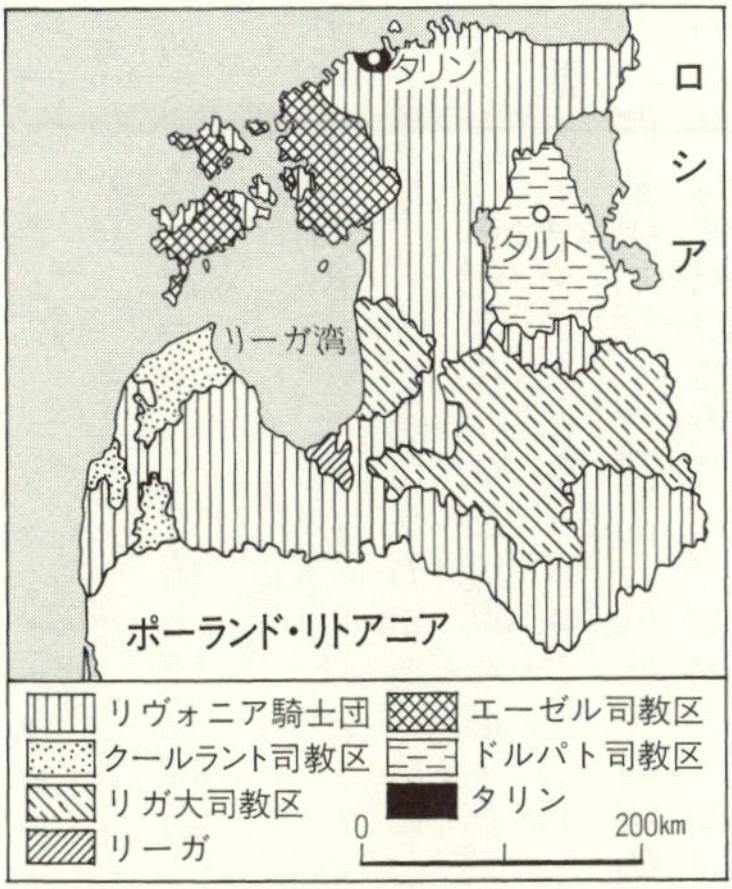

1500年頃のリヴォニア

デーン人が領有していたエストニア人居住地域が騎士団領に組み込まれると、騎士団領は五つの政治的単位に分けられた。一、リガ大司教区（一二二五年までは司教区）、二、ドルパト司教区（神聖ローマ帝国直属の領主司教で領邦君主）、三、エーゼル司教区（神聖ローマ帝国直属の領主司教で領邦君主）、四、クールラント司教区、五、リヴォニア騎士団領の五つである。このうちリヴォニア騎士団領がもっとも大きく、フィンランド湾からリトアニアとの境界までの領土とモーン島（エストニア語でムフ島）およびエーゼル島（エストニア語でサーレマー島）、ダゲ島（エストニア語でヒーウマー島）の一部を加えるにいたっていた。騎士団長は当初リーガに居住していたが、後にヴェンデン（ラトヴィア語でツェーシス）に居を移した。レヴァル司教はスウェーデンのルント大司教の属司教で、世俗的領土を所有していなかったことからみても、アルベルトの野心は宗教的なものにとどまらず、政治的なものであったことが明らかである。こうしてハンザ同盟も騎士団もともに一四世紀の後半に最盛期を迎えた。

他方、ロシア人とリヴォニア騎士団との衝突が繰り返されていた東の地域は、一二世紀から一四世紀半ばまで混乱と無秩序の状態にあった。騎士団がモスクワ公国と最初に対決したのは一五世紀の初めのことで、リトアニア大公ヴィタウタスのロシア人に対する闘いに参加したときであった。その後もリガ大司教区やドルパト司教区をロシア人が急襲し、騎士団はプレスカウ（ロシア語でプスコフ）やノヴゴロドで闘ったが、決着はつかなかった。騎士団とロシア人との間で形ばかりの和約が繰り返されただけであった。

二〇世紀にいたるまでこの地域にドイツ人の影響が残ることになったのは、リーガ、ドルパト、レヴァルのドイツ人商人、広大な領地を獲得した騎士を祖先にもつドイツ人領主（バルト・ドイツ人地主貴族）の存在によるものである。リヴォニア騎士団はドイツ人農民の入植を促したのだが、うまくいかなかった。というのも、当時バルト海を船で渡ってくるのは、まだまだ大きな危険があったからである。そのためほとんどの農民は現地の住民であり、彼らの文化や伝統を維持し、現地住民は一体性を保持した。こうしてこの地がドイツ人文化に同化されることはなかった。

三　リトアニア人の国家

リトアニア（リトアニア語でリェトゥヴァ）に住むリトアニア人についての最初の言及は、マイスナー編『バルト諸国―エストニア、ラトヴィア、リトアニア』によると、一〇〇八年の『クヴェドゥリンブルガー年代記』にあり、そこにはリトゥア（Litua）と記されている。これは、すでにこの時期に、リトアニア人としてのある程度の一体性ができていたことを示しているのではないだろうか？　中世から用いられていたといわれる、リトアニアの紋章である「白い騎士」は何を象徴するのだろうか？

「バルト」の三国の歴史の中で国家の存在を認めることができるのは、リトアニアだけである。同じバルト海東南岸地域に居住していた諸部族が、東からやってきたスラヴ人や西からやってきたドイツ人の布教、商業、征服活動に次々と屈していくなか、ただ一つだけ統一国家としての発展を遂げることができたからである。紋章の突撃する「白い騎士」は、国の統治者を表わしているのである。これは後のリトアニア人にとって大変重要な意味をもっている。

たとえば、一二世紀の末には、リトアニア人の居住地も他のバルト海東南岸地域同様に、東からのスラヴ人の侵入を経験していた。また、勢力拡張を南西方面にも向けた帯剣騎士団による侵入にも悩まされていた。特に一三世紀末までには、プロイセン地方の支配を確立していたドイツ騎士団は、バルト海東岸のリヴォニア騎士団との統一を目指し、東進の動きをみせていた。この騎士団と「白い騎士」のリトアニア人との争いは、その後約二〇〇年間続くことになる。

壊滅した帯剣騎士団のあとを継いだリヴォニア騎士団は、リトアニア人の支援を受けていた現在のラトヴィア南部国境あたりのゼムガレ人やその南のサモジチア人の征服に手を焼いた。しかし、ドイツ騎士団はネムナス川河口近くに砦の町メーメルを建設し、征服の手段として平和条約も用いながらも、一三世紀末頃までにはゼムガレ人やサモジチア人をほぼ押さえ込んだ。このとき抵抗を続けたサモジチア人はその後、諸部族がリトアニアへ統合されていく中で消滅していった。生き延びた少数のゼムガレ人やサモジチア人は、南のリトアニア人の居住地域に移動し、リトアニア人とともに騎士団への抵抗を続けた。さらに南下を続ける騎士団に、リトアニア人は一二六〇年にドゥルベ（ドイツ語でドゥルベン）の闘いで大きな打撃を与えたが、その後もドイツ騎士団の北と西からの攻撃は繰り返された。

彼らの侵入を完全に阻止することができたのは、リトアニア軍がポーランド軍とともに一四一〇年グルンヴァルト（ポーランド語。リトアニア語でジャルギリス、ドイツ語でタンネンベルク）で、プロイセンから東に進出してくるドイツ騎士団を完敗させたときである。このときの戦闘には、ヴィタウタス大公が東よりつれてきたスラヴ人やタタール人もリトアニア軍として加わっていた。リトアニアはこの勝利後の一四二二年にサモジチア（リトアニア語でジェマイティヤ）地方を取り返し、クールラント地方の大部分もその領土とした。

リトアニアのミンダウガス

話は前にもどる。バルト海東岸のリヴォニア騎士団の征服活動に対抗して部族間の連携や統一を果たすことのできなかったエストニア、ラトヴィアの諸部族と異なり、リトアニアで諸部族の統一が促された要因の一つは、指導力のある人物がいたことだ。それは族長の一人であったミンダウガス（一二一七？―六三）に始まる。彼は一二四〇年頃には諸部族を率いて、リヴォニア騎士団との闘いに臨んだ。しかし、キリスト教徒の勢力が強いため、リヴォニア騎士団の脅威を和らげるためにミンダウガスは、カトリックへの改宗（一二五一年）とサモジチア北部をドイツ人に譲渡することと引き替えにリヴォニア騎士団騎士に列せられ、他方リトアニア王を名乗ることを認められ、一二五三年に即位した（在位一二五三―六三）。リトアニア人がこの王のもとに統一された意味は大きい。

リトアニア人がドイツの両騎士団と闘っていた頃、はるか東方からやってきたタタール（モンゴル）軍はロシアへ侵入し、ポーランドやハンガリーにまで姿をみせていた。このことが、ローマ教会世界とスラヴ人の正教世界の狭間にあるこの地域をして、ローマ教会との結束を求めさせる遠因となったと考えられないだろうか？ ミンダウガスがリトアニア王に即位したと同じ一二五三年、王位の見返りとしてローマ教会との連合を交渉していたミンダウガスの姪《めい》の夫も、リトアニアの南のガリツィア（ガリーチ）公に即位している。リトアニア系カナダ人と思われるマジェイカによると、『イパテフスカヤ年代記』にはミンダウガスが秘密裡《り》に高価な贈り物とともに使者を騎士団に送ったことが記されている。

リトアニアの統一と国土拡大の背景には、西では西欧キリスト教世界との連携、東ではスラヴ人の正教世界との協力があった。ミンダウガス王は洗礼を受けてカトリックに改宗したものの、正教世界のノヴゴロドとも同盟を結んでいた。亡命系リトアニア人歴史家ユルゲラの歴史叙述は、ミンダウガスがキリスト教徒や騎士団との闘いを継続したことを強調し、ミンダウガスをリトアニア国家の創設者として正当化しようとしている。

リトアニア国家の創設者として扱われるミンダウガスが、どのようにして権力を獲得し、どこに拠点をおいていたか等々については、現在でもさまざまな議論がなされている。議論の根拠の多くは、当時の、あるいはその後の年代記や教皇庁の記録に頼らざるをえず、その捉え方に偏りがあるのは否めない。たとえば、リヴォニア騎士団がどのように征服活動を進めていったかを記す『リヴォニアのヘンリー年代記』を信ずれば、彼らと対立し始めていたリーガの住民と同盟を結んでいたリトアニア人についての記述をそのまま信用することはできないだろう。先のマジェイカによると、一四世紀のリトアニア大公ゲディミナスがローマ教皇に送った手紙の中で、ミンダウガスは騎士団の暴力のために信仰を捨てたとある。

二〇〇三年は、リトアニア史上唯一の王であったミンダウガスの即位七五〇周年にあたった。その祝祭行事がヴィリニュスの町で催され、記念してネムナス川に新たに架けられたミンダウガス橋が、即位の日の七月六日に除幕された。このことは、現在のリトアニア人にとってミンダウガスがどんな意味をもっているか十分理解させてくれるのではないだろうか。ミンダウガスも、後出のゲディミナスもともに、リトアニア人が歴史上誇りにしている英雄である。

プロシア人も含めてバルト系の諸部族がまとまって一つの国家をつくれなかったことが、その後のリトアニア人とラトヴィア人に別々の道を歩ませていったと、リトアニア人やラトヴィア人の歴史家はみているようだ。リヴォニア騎士団によって征服されたバルト諸民族の解放はできなかったものの、ミンダウガスは東のプスコフやノヴゴロドを占領し、リトアニアは国家として急速に力をつけていった。こうしてリトアニアはタタール人から西欧キリスト教世界を守るための緩衝国家の役割を果したと、第二次世界大戦前のラトヴィアの外交官でもあった歴史家ビルマーニスはいう。

ゲディミナス大公の外交

ミンダウガスの死後しばらく混乱の続いていたリトアニア人の地では、リヴォニア騎士団からの脅威に対抗するため、彼の後の指導者たちはロシア人の地域に防衛を目的として進出し、またドイツ騎士団との闘いに機先を制するためリガ司教と同盟をつくり上げるという、二重の安全弁を再び用いようとした。なかでも傑出していたのが、一四世紀前半に登場したゲディミナス大公（在位一三一六―四一）であった。

彼の時代は、リトアニアが勢力を大きく広げた時期でもあった。現在のウクライナやベラルーシも、リトアニア国家に含まれていた。彼はリトアニアの首都をヴィリニュスに構えた。というのも、ヴィリニュスが当時のリトアニア国家の中央にあたっていたからである。リトアニアはモスクワ公国よりも大きくなっていた。彼はキリスト教化政策をとる一方で、西欧の商人、職人などをリトアニアに招聘《しょうへい》しようとした。これに応えたユダヤ人がヴィリニュスに定住し始め、彼らに重要な仕事、住居、信仰の権利が与えられた。これは当時のヨーロッパでは一般的なことではなかった。

ところで、リトアニアがバルト海東岸地域と異なる特徴をもつにいたるいま一つの要因は、隣国ポーランドとの関係であった。

リトアニア人とその南西に住むポーランド人との闘いは一三世紀より続いていた。じつのところリトアニア人は、同じバルト族の居住地プロイセン（プロシア）がドイツ騎士団によって征服される原因をつくったのはポーランド人だと考えていた。しかし、ゲディミナス大公は過去のいきさつを捨てて、ポーランドとの和を図る目的でカトリックに改宗し、娘をポーランド皇太子に嫁がせた。

当時リヴォニア騎士団は、プロイセンのドイツ騎士団領とクールラントの騎士団領をつなぐ目的で、リトアニア西部のサモジチアを征服するため南進を繰り返したが、それには失敗していた。しかし、一二五二年にメーメルの町を建設し、クールラントとプロイセンをバルト海沿岸でつなぐことには成功した。そこでリトアニアとしては、リヴォニア騎士団の南進を阻止するためにも、ポーランドとの闘いを一時中断する必要があった。他方、西をプロイセンのドイツ騎士団に攻められていたポーランドにとっても、闘いの中断は好都合だった。

リトアニアとポーランドとの関係を密にしたもう一つの理由は、ヨガイラ大公（一三五一？—一四三四）の時代にある。ヨガイラがリトアニアの支配者になると、それに従うことをよしとしなかった彼の兄弟が、モスクワ公国のディミトリ・ドンスコイと結んで、ヨガイラに対抗した。こうしてリトアニアはロシアからの圧力にもさらされることになった。そのためヨガイラはドイツ騎士団との停戦を求め、一三八〇年には秘密条約に署名した。だが、叔父ケストゥティスはヨガイラをヴィリニュスから追放し、自ら大公（在位一三八一—八二）となった。しかし、八二年にケストゥティスは暗殺され、その年にヴィリニュスに戻ったヨガイラは、モスクワ公国との同盟か、騎士団との同盟かの選択に迫られた。そのとき、ポーランド貴族から提示されたのが、ポーランド王位であった。ポーランド側の意図は、共通の敵である騎士団に対抗するためにポーランド女王ヤドヴィガの夫にヨガイラを迎えることにより、ポーランド王位を狙うオーストリアのハプスブルク家のヴィルヘルムを阻止することにあった。

一三八六年にヨガイラ（ポーランド王ヴワディスワフ二世）とヤドヴィガとの婚姻によって同君連合が成立した。この婚姻の条件として要求されたのは、ヨガイラのカトリックへの改宗とリトアニアのキリスト教化、リトアニアをポーランドに加えることであった。さらにヨガイラは、近年ポーランドが失った領土を回復することも約束しなければならなかった。

リトアニア大公国

リトアニアが領土を拡大し強大な国家となっていく一方で、ポーランドの一地方とみなされることに不満を抱くリトアニア人は、プロイセンやリヴォニアのドイツ騎士団、あるいはロシア人と時に応じて結びつき、リトアニアの一体性を弱めていった。こうした背景のもとに、ケストゥティスの息子ヴィタウタス（一三五〇？―一四三〇）が登場してくるのである。

彼は従兄弟のポーランド王ヨガイラとの間で親書を交換し、リトアニア大公位を得、リトアニア全体の支配者となった。この協定以後、リトアニアは大公国して知られるようになる。ヴィリニュス近郊のトラカイにある、まさに中世を髣髴《ほうふつ》とさせる城は現在修復されて観光客を集めているが、ヴィタウタスの城であった。トラカイ城周辺には、ヴィタウタスが東方への遠征から連れ帰ったトルコ系の人々の子孫（カライム人と呼ばれる）が、数は少なくなったとはいえ、現在も彼らの文化と言語を維持しながら暮らしている。このことからも、ヴィタウタスは征服した地域に住む人々にキリスト教や文化の同化を求めなかったことはよくわかる。

ヴィタウタスによるリトアニア大公国の統治は中央集権的であり、彼の領土的野心は東方へ向いていった。そこで、プロイセンとリヴォニアとの橋となるサモジチアに固執していたドイツ騎士団に、サモジチアを譲渡し、その代わりに、リトアニアが東方へ軍事的進出をするための援助を騎士団から得たのだった。東方への進出の目的は、タタールからリトアニアの南部と東部境界を守ることにあったので、リトアニアは黒海沿岸にいたるドニエプル川沿いに、砦の町を次々と築いていった。黒海沿岸の港町、現在のオデッサもその一つである。こうして一四世紀末までにリトアニア大公国の領土は、バルト海から黒海にまで及ぶ広大なものになった。

リトアニア大公はポーランド王とは別に選出され、リトアニアはポーランドとは異なる行政組織を機能させていたが、それも一五六九年のルブリン連合によって終わりを告げた。リトアニアとポーランドとの一体化である。これによってリトアニア貴族のポーランド化が推進され、ポーランド語が領主の言葉となっていった。

中世リトアニア国家の歴史については、これまでさまざまな評価がなされている。リトアニア大公国には多くのスラヴ人（ベラルーシ人、ウクライナ人、ロシア人）が暮らしており、ベラルーシの歴史家にいわせれば、この大公国はリトアニア人だけでなくベラルーシ人が創設したのだという。ウクライナの歴史家は、ウクライナは独自の国家建設を目指していた関係から、リトアニアのカトリック主義を、あたかも大ロシアの拡大主義と同様なものとしてみている。ポーランドの歴史では、リトアニアはポーランドに吸収されたことにより、リトアニア人は完全にロシア化される前に救われたことになる。これらに対してリトアニアの歴史では当然、国家の源、国家の伝統を強調し、ロシア化についてもポーランド化と同様に拒否している。

四　リトアニアとリヴォニア

中世のバルト海東南岸地域に共通にみられるのは、農民の封建的支配である。リトアニアがポーランドとの同君連合となってからの特徴は、一つはリトアニア人がカトリックに改宗したこと、いま一つはリトアニア人貴族がポーランド化したことである。このことは、後々までも影響を及ぼすことになった。

リトアニア語も話せず、ポーランド人貴族となんら区別のできなくなったリトアニア人貴族によって、リトアニア人農民の封建的支配が進められた。つまり、リトアニア人の住む地域での社会秩序と階層は、同じリトアニア人の農民と貴族という二つの分化によって成り立っていた。ポーランド化したリトアニア人の貴族階級は、二、三の農家の所有という小規模なものから、いくつもの村を所有するものまで多様ではあったが、大規模なものになると、わずかな数の貴族の手に数十万の農民を擁するほどであった。農民は次第に封建領主の私的所有物、つまり農奴へと身分を拘束されるようになっていく。なかでも広大な領地を所有し、一六—一七世紀のリトアニアでもっとも政治的影響力をもったリトアニア人貴族のラドヴィラ家は、むしろポーランド大貴族（マグナート）、ラジヴィウ家として知られている。

リトアニアにみられる身分制秩序と封建制は、リヴォニア騎士団領、つまり現在のエストニア、ラトヴィアの地域でも同様に進められた。しかし、ここではリトアニアと違って、封建的領主となったのはバルト・ドイツ人で、地主として農民と土地を支配していた。他国出身のきわめてわずかな数の地主貴族のもとに、現地住民の封建的支配が進められる社会構造であった。リヴォニアでは一四九八年まで、軍役に奉仕するのは農民の一般的義務であった。これは後に特別税に取って代わったが、そのかわり武器をもつ自由民としてのこれまでの基本的権利を失うこととなった。一五世紀には「世襲農民」という言葉が次第に用いられるようになっていく。黒死病に続く農業危機で封建領主に負債を負うようになった多くの農民は、土地に縛られることになり、賦役も課せられていった。封建的地主貴族のバルト・ドイツ人が、農奴となったエストニア人、ラトヴィア人農民を政治的にも経済的にも支配することが定着していったのである。

右のような共通点がみられる一方、大きな文化的な相違が生み出された。それはリトアニア人がカトリックを信仰し続けたのに対して、ラトヴィア人とエストニア人は新教のルター派を信仰するようになっていった点である。二つはカトリック世界とプロテスタント世界の中で、たがいを結びつける絆《きずな》をもたないまま、一八世紀にロシア帝国へ編入されることになる。

社会・経済的発展

リトアニアの敵手リヴォニア騎士団の支配と繁栄は、一五六一年にリヴォニア騎士団がルター派の信仰を受け入れて世俗化したときに終わることになる。騎士団長は一四七四年にはロシア人と、一四八七年にはリトアニア人との和約を更新して領土の保全を図っていたが、ルター派の信仰を受け入れることで、カトリックを布教し保護する目的のためにつくられたリヴォニア騎士団は、その存在意義を失っていった。さらにリヴォニア騎士団の後援者であったプロイセンのドイツ騎士団が、グルンヴァルト（タンネンベルク）で敗北を喫し、そこからの支援を期待できず弱体化の進んでいたリヴォニア騎士団は、東からロシア人の侵入という脅威にさらされていた。リヴォニア騎士団は、南の隣国リトアニアに対する政策を変えようとした。最後のリヴォニア騎士団長ケトラーは、一五六二年にポーランド人によってクールラント公の地位を与えられ、ポーランドの宗主権下におかれた。リヴォニア騎士団領の解体である。

バルト海東岸地域のリヴォニアには、一三―一四世紀頃には、リガ（リーガ）、レヴァル（タリン）、ドルパト（タルト）、ヴェンデン（ツェーシス）、フェリン（ヴィリヤンディ）、ペルナウ（パルヌ）の諸都市が成立していた。ハンザ同盟に加盟していたリヴォニアの都市はすでに一二あり、バルト海貿易に従事していた。リガが西欧に対して広範な取引を行なっていたのに対して、レヴァルやドルパトは、ノヴゴロド、プスコフとの取引が中心であった。バルト海、ダウガヴァ川、ネムナス川の水上ルートとそれに沿った地上ルートを利用した東西の中継貿易は、バルト海東岸の都市に多くの富と繁栄をもたらした。

リトアニア人の地域では、都市の建設に長い時間を要した。コヴノ（現カウナス）もネムナス川での取引で発展していたが、リトアニア内に限られており、バルト海貿易は開かれていなかった。一五世紀になると、リトアニア人の町は、ロシア人、ドイツ人の数を増やすようになっていた。また多くの小都市では、地元の生産物と、大都市の商人が商う品物との間の仲介をしていたので、蜂蜜《はちみつ》や蜜蠟《みつろう》は大変重要な商品であった。一五世紀後半には、ドイツ人の町リガの商人との競争があったようで、リトアニア人商人がバルト海貿易を禁じられていたのに対して、ハンザ商人はリトアニア内での取引を禁止されていた。

そのリガは一五〇〇年頃には人口八〇〇〇人を数える自治都市に成長し、ドイツ人が数十の職人ギルドや商人会を擁していた。その繁栄ぶりは、今も町に残る大ギルドホール、小ギルドホールに見ることができる。また、北のレヴァル（タリン）でも、町の商いは一三のギルドが握っていた。リーガやタリンが今でもドイツの都市を想起させる理由はここにあるだろう。

第三章　環バルト海地域の覇権争い

一　周辺諸民族の抗争の場

一九六一年、ストックホルムの港湾から一隻の軍艦が引き上げられた。これは、一六二八年に進水し、まもなく沈没したスウェーデン軍艦ヴァーサ号であった。国王グスタフ二世アドルフ（在位一六一一―三二）の命令で、リヴォニア騎士団の衰退と解体がもたらしたあとの環バルト海地域の覇権争いに、北からスウェーデンが乗り出していたとき建造されたものである。現在ストックホルムのヴァーサ博物館に保存、展示されている巨大なこの帆船を見ると、当時のスウェーデンが、バルト帝国の覇権に対してもっていた意気込みが想起させられる。

バルト海地域の覇権をめぐる周辺諸国の争いの背景には、ハンザ同盟の衰退、地域内勢力の対立があった。一時は、リヴォニア騎士団の勢力を背景に、ハンザ同盟はバルト海貿易の繁栄を独り占めしていたが、一五世紀に新たな西欧の勢力として海へと乗り出してきたイギリス、フランドル、オランダの諸都市のバルト海貿易を制限することができず、次第に二世紀にわたる貿易独占の地位から後退を強いられていった。したがって、一二世紀末から一三世紀にかけて西から進出してきたドイツ人商人の勢力は、経済的に退行していった。

バルト海の覇権争いがもたらしたのはそれだけでなく、周辺諸勢力と結びついたバルト海東岸地域内での勢力争いの顕在化と交替であった。ドイツ騎士団の指導権争いに加えて、カトリック教会、都市、バルト・ドイツ人地主貴族の勢力争いがあった。そもそもリヴォニアの地には、リヴォニア騎士団領、都市リーガ、司教区（リガ大司教区、三司教区）の三つの勢力があった。宗教改革によって弱体化する教会勢力に代わって主導権を握ろうとするのが、領地を所有する騎士階級であり、それは教会権力に対抗する都市住民の勢力を味方とした。その結果、彼らはバルト・ドイツ人地主貴族としての地位をいっそう強化した。

覇権争いは、東からも挑戦者を迎えた。当時ロシアは、国内を専制国家として統一する一方、東西への領土拡大を目指すイヴァン四世（雷帝、在位一五三三―八四）が、バルト海への出口にあたるリヴォニア（現在のエストニア、ラトヴィアの大部分）をその進出目標としていた。一五五八年、ロシア軍はリヴォニアに侵入した。リヴォニア戦争の始まりである。

リヴォニア戦争

一二世紀以来、西からバルト海東岸地域へ進出してきたドイツ人は、東からのロシアの新たな勢力の進出によって相対的に勢いを低下させたが、後世に残した政治的・経済的・文化的影響の大きさは計り知れない。このように中世から近世にかけて形成され始めた社会のヘゲモニーは、二〇世紀になってここに独立国家が成立するまで継続されることになる。ソ連からの分離後に、バルト三国の地域が西欧への回帰として目指してきたEU、NATOへの加盟は、今まさに実現したのであるが、そのよりどころとなっている基盤、つまりヨーロッパの一員としての基盤ができたのも、この覇権争いの時代であったといえよう。

リヴォニア騎士団の弱体化にともない、リヴォニアの領有をめぐって、またバルト海の覇権をめぐって、さらに安全な貿易をめぐって、戦争は絶え間なく続いた。北ヨーロッパの大国となっていたポーランド・リトアニア、デンマーク、スウェーデン、ロシアは、その対決を一八世紀まで続けることになる。最初の勝利者は、ポーランド・リトアニアとスウェーデンであった。すでに内部勢力の対立から脆弱《ぜいじゃく》化していたリヴォニア騎士団領は、一五五八―

八三年のリヴォニア戦争を通じて、いっそうその内部対立を浮き彫りにしていった。

一五五八年にリヴォニアに侵入したロシアは、ナルヴァとドルパト（タルト）を占領、さらにレヴァル（タリン）、リガ（リーガ）を目指した。一方、クールラント、エーゼル（サーレマー）の司教区は、一五五九年にデンマークの所有となった。リヴォニア騎士団の軍事的脆弱さが露呈される一方で、リヴォニア北部に住むエストニア人農民は、地域をめぐる諸勢力の軍事的衝突の機を利用してロシア人侵入者と結びつき、バルト・ドイツ人封建領主への蜂起《ほうき》を企てた。

そこでバルト・ドイツ人は、スウェーデンの保護を求めた。この地域はドイツ語でエストラントと呼ばれた。他方で、ロシアにまだ占領されていなかったリヴォニア南部は、ポーランド・リトアニアに助けを求めた。リヴォニア騎士団長、リガ大司教、リヴォニアの貴族の代表は、ポーランド・リトアニア国王のジギスムント・アウグストゥス（在位一五四八―七二）へ忠誠を誓っていた。この地域はドイツ語でリヴラントと呼ばれた。一五六一年のことである。保護を求めなかった都市リーガは、ロシアとポーランド・リトアニアの双方の脅威にさらされ続けていた。

リヴォニアが内部から瓦解しつつあるときだけに、リヴォニアにとってロシアの脅威はいっそう激しさを増していった。だが、リヴォニアをめぐる闘いでロシアとの直接対決を望まないポーランド・リトアニアは、ロシアに対抗するためスウェーデンに協力を求めた。戦闘は一五七〇年代から一五八〇年代初めにかけて続き、ポーランド・リトアニアはリヴォニアの南部のリヴラントを獲得してロシアと和平に合意した。一五八三年、スウェーデンもリヴォニア北部のエストラントを獲得し、その後、その東のインゲルマンランド(イングリア)も獲得してロシアとの和平に合意した。デンマークはエストニア沿岸のいくつかの島とクールラント司教区(ピルテン司教区)の統治権を保持したが、まもなくこれをポーランド・リトアニアに引き渡すことになる。

ロシアの進出がおさえられると、今度はリヴォニアをめぐる覇権はスウェーデンとポーランド・リトアニアの間で争われることになる。スウェーデンとポーランド・リトアニアは、まずリヴラントをめぐって闘い、それは一六〇一年から一六二九年まで続いた。本章の冒頭に触れたヴァーサ号の沈没は、この戦争中のことであった。戦いは、スウェーデンが勝利し、リーガとリヴラントもスウェーデンが手に入れた。戦場となったリヴォニアの住民の被害は甚大であり、人口は減少した。ロシアがバルト海の覇権争いに勝利するのはさらに二世紀近くを待つ。

バルト海の覇権争いは、沿岸の諸勢力間の対立以上に、ヨーロッパ全体を視野に入れて考える必要がある。スウェーデンとポーランド・リトアニアとの闘いは、西欧でのプロテスタ

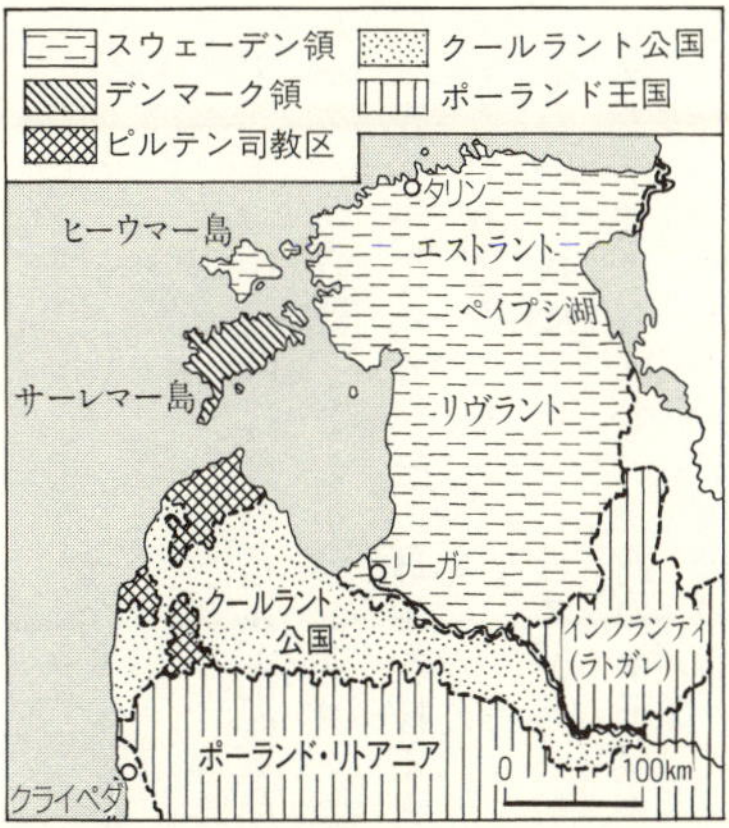

リヴォニアをめぐるスウェーデンとポーランド・リトアニアの闘い後のバルト海東岸地域

ントとカトリックの闘いでもあった。アジアから進出してきていたタタール人勢力もそこに加えて考えなければならない。各周辺国家は、国家の統一とそれを確固たるものとするためにも、対外的な勢力伸張がきわめて重要な時期にあった。「力の真空地帯」となったリヴォニアは、勢力拡大の格好の地域であった。

バルト海東岸の覇権は、中世以来のリヴォニア騎士団とリトアニア大公国の手から、ポーランド・リトアニア、スウェーデンの手へと移っていった。覇権争いと内部の確執の中で、リヴォニア騎士団領は、エストラント（最初にスウェーデン領となった地域）、リヴラント（ポーランド・リトアニア領から後にスウェーデン領となった地域）、クールラントとゼムガレ（ポーランドの宗主権下のクールラント公国）、ラトガレ（ポーランド領となったリヴォニアの地域、ポーランド語でインフランティ）に分かれていく。ここが新たに再編されるのは、第一次世界大戦後に独立国家エストニア、ラトヴィアが成立するときである。

二　リトアニアとポーランドのルブリン連合

バルト三国と呼ばれるバルト海東南岸の国々の中で、リトアニアは訪れる人に違う印象を与える。それは、ここがカトリックの国であり、文化的にもポーランドの強い影響が感じられるからであろう。その理由を探るとするなら、近代以降のポーランド・リトアニアに溯ってみなければならない。

その始まりは、リトアニアがポーランドと一五六九年に結んだルブリン連合（国家連合）であるが、さらにもっと前のヤギェウヴォ朝が始まった一三八六年に溯ったほうがよいかもしれない。リトアニア大公ヨガイラ（ポーランド語でヤギェウヴォ。ポーランド王としては一三八六年から）と、一三八四年にポーランド女王となったハンガリー王女ヤドヴィガとの婚姻による同君連合（一三八五年クレヴォで採択）である。リトアニアが最盛期であった時代である。東の国境をポーランドと同君連合によって強化したリトアニア大公国は、西方から脅威を与えていたドイツ騎士団と対抗する点でポーランドと利害関係が一致していた。当初ヨガイラと対立していた従兄弟のヴィタウタスは、一三九二年にリトアニア大公として認められ、ドイツ騎士団との戦いに協力した。この協力によって、一四一〇年グルンヴァルト（タンネ

15世紀中葉のリトアニア大公国

ンベルク）の闘いでポーランド・リトアニア軍はドイツ騎士団を撃破し、リトアニアはリヴォニアとプロイセンを結ぶサモジチアを取り戻した。ドイツ騎士団が大敗を喫したこの闘いは、ドイツ人にとって屈辱的なものであり、グルンヴァルトはその後二〇世紀にいたるまでポーランドとの対決と復讐《ふくしゅう》を象徴する地となった。ちなみに第一次大戦勃発後まもない一九一四年八月、ロシア帝国領であったポーランドを東進したドイツ軍は、このグルンヴァルトの地を制した。

一四一〇年の敗北はまた、ドイツ騎士団の軍事的、経済的基盤の弱体化を招いた。カトリック教会の保護から脱して世俗化し、ルター主義を信奉するようになったドイツ騎士団は、一五二五年、ポーランド王を封主とするプロイセン公国となったのである。リトアニアはポーランドとともに、バルト海から黒海まで広がる中欧の大国となっていった。

リトアニアのポーランド化

中欧の大国となったリトアニアは、一五世紀半ば以降、徐々にポーランドの政治的、社会的、文化的構造に組み込まれていく。ポーランドとの文化面での融合は、特に貴族の上層部で進んでいった。その後ポーランドの歴史に登場してくるポーランド東部のマグナート（大貴族）には、このポーランド化したリトアニア人貴族出身者が少なくない。こうしてリトアニアと北のリヴォニアとの間に醸成された相違は、リトアニアが宗教改革の後に再びカトリックを持続していくことで決定的となる。

しかし、リトアニアにおいても、一五五七年にカトリック教会をプロテスタント礼拝堂へ改造することの禁止が出されていることからもわかるように、宗教改革は浸透していた。ヴェルナツキーの『東西ロシアの黎明《れいめい》――モスクワ公国とリトアニア公国』によると、宗教改革後もカトリックがリトアニアで存続しえたのは、イエズス会の活動によるものらしい。イエズス会は教育に力を入れており、神学院がヴィリニュス（ポーランド語名ヴィルノ）に建設されたのは一五七〇年のことで、九年後に「アカデミー（大学）」に発展している。

リトアニアのポーランド化は、一五六九年に結ばれたポーランドとのルブリン連合によっていっそう拍車がかかった。この連合によりリトアニアがポーランド側に与えた影響は、大貴族の門閥化によってポーランドの政治を大貴族寡頭制へと移行させていったことである。他方、リトアニアは、ポーランド化したリトアニア大貴族層と、リトアニア人農民とに二分されていった。リトアニアでは貴族層はなぜポーランド化することになったのであろうか？

これには、リトアニアが中欧の大国となったにもかかわらず、リトアニア語が国家組織の文書用語として、また行政用語としても使用されなかったことが、その理由として考えられないだろうか。当初用いられたのはスラヴ語であり、次にポーランド影響下でラテン語が導入され、一七世紀にはポーランド語に取って代わられた。一五二九年に発布されたリトアニア最初の法典は、ロシア語であった。また、ヴィリニュスとカウナスの町では、ドイツ語も用いられていた。一五四七年には初めてのリトアニア語の書物が著されてはいるが、リトアニア語はむしろ農民の言葉、つまり話し言葉として定着していったのである。

この時代に対する現代のリトアニア人の視点とポーランド人の視点は大きく異なる。ルブリン連合以後のポーランド・リトアニア国家は、リトアニア人にとっては、二つの民族からなる連合国家の一方にリトアニア大公国がある。ポーランド側からみると、統一国家を築くためにイニシアティヴをとったポーランドが中心となる。確かに、ロシア帝国への編入までの時期、貴族層によるポーランド語とポーランド文化の受容によって、二つの民族の広範な統合は進んだといえよう。だが、それがすべての社会階層にわたっていたわけではなかったことが、農民のリトアニア語と民族文化の維持からうかがえる。

リトアニア大公国では、貴族がカトリックを信仰する大土地所有者として、政治的にも軍事的にも強力な地位にあった。リトアニア人の居住領域は、一六世紀前半には、約六分の一にすぎなかった。この地に居住するスラヴ系住民の大多数は農民であり、正教を信仰するスラヴ系貴族の割合は少なく、政治的な影響力には乏しかった。ところが、首都ヴィリニュスを擁する地域を核とする大貴族層は、民族的帰属、宗教、言語の視点から独自のアイデンティティを生み出していったのである。

一五六九年のポーランドとの連合後、リトアニアは東中欧にいたユダヤ人のもっとも重要な入植地の一つになった。その中心はヴィリニュスにあった。西欧でのユダヤ人迫害から逃れて東方へと移り住んできたユダヤ人の数は、一八世紀末には約一〇〇万と人口の約一〇%を占めるまでに増加した。特にユダヤ人は都市に集中して居住していた。記録に残るところでは、すでに一四世紀にはユダヤ人の手工業者、商人が受け入れられており、ヴィリニュスに最初のシナゴーグが建設されたのは一五七三年のことである。ユダヤ人が人口の三分の一を占めるにいたったヴィリニュスは、東方ユダヤ人の知的中心地としての役割を担っていった。それは第二次世界大戦まで続いた。

三　ポーランドによる支配

当時ヨーロッパでは、宗教改革の広がりに対して反宗教改革が高まり、その活動はバルト海東岸にも向けられた。ここでも反宗教改革の活動を担ったのはイエズス会であった。イエズス会は現地の言葉、つまりラトヴィア語やエストニア語で学ぶことのできる学校をリーガやドルパトに開設した（一五八四年）。一五八五年にラトヴィア語に翻訳されたカトリック要理は、ラトヴィア語で残されているもっとも古い書物として知られている。エストニア語で書かれた最初の書物は一五三五年に著されたルター派教理問答といわれており、プロテスタントのルター派とカトリックのイエズス会が現地の住民を引きつけるために、ともに現地語での布教活動に力を入れたことがわかる。これが一九世紀に、この地域に高い識字率をもつ住民をつくり出していく始まりともいえる。

リヴォニア戦争の結果、崩壊したリヴォニア騎士団領は、ポーランドとスウェーデンの支配のもとにおかれることとなった。ポーランドの支配下におかれたリヴラントの南部に住む現地住民は、後にラトヴィア人としてまとまっていく人々であった。統治者の交代でも依然としてドイツ人領主のもとにおかれていたラトヴィア人農民は、ドイツ人ではない農民という共通の認識を醸成していったのであろう。リヴラントの北部に住む住民は、エストラントの住民と同じエストニア人である。こうしてエストニア人、ラトヴィア人の住むリヴォニアは解体・分裂し、その後の歩みが新たな行政単位となる地域を特徴づけていく。これがその後、民族的境界線にもとづいて、エストニア人の居住地域、ラトヴィア人の居住地域として統一されるのは、一九一八年の独立国家の成立によってである。

なかでもリヴォニアの東南部の、住民がラトヴィア人であるラトガレ（インフランティ）がたどった歴史は、他のラトヴィア人の住む地域と大きく異なるものであった。一時スウェーデン領になった後、一五世紀末から一六世紀初めにポーランド領となったラトガレでは、次第にポーランド・リトアニアに組み込まれ、行政、教会がもっていた特権の変更、自治の侵害、神聖ローマ帝国からの完全な分離等々を経て、ポーランドの統治下におかれた。一五六六年にはリトアニア大公国領に完全に編入された。そこでは、ポーランド人、リトアニア人が主に行政上の地位を占めた。ラトガレは一七七二年の第一次ポーランド分割まで、ほぼポーランド領にとどまっていた。そこでは反宗教改革の波をうけ、住民はカトリック教徒になり、貴族はポーランド化した。

一方、騎士出身のドイツ人上層階級が相変わらず政治、経済的優勢を誇ったリヴラントでは、現地住民のラトヴィア人農民にとって統治者の変更は大きな意味をもたなかった。地域のエリートであるドイツ人支配階級は、ルター派プロテスタントを信仰していた。というのも、リヴォニア騎士団領で地主貴族として基盤を築いてきたドイツ人騎士階級は、都市住民とともに教会権力と対立する中で、プロテスタントの信仰を選んだからである。ラトヴィア人農民は宗教改革対反宗教改革の争いの中で、ドイツ人領主の信仰するルター派を信仰していくのだが、おそらくその理由は、キリスト教の宗派の対立という事柄への関心からではなく、ルター派の教会が自分たちの言葉でわかりやすく説教をしてくれる教会であったというだけで十分であろう。

四　スウェーデンによる支配

国内の改革とともに東西への領土の拡大を目指していたロシアは、一五五八年、西への海の出口としてリヴォニアへ向けて進出した。このロシアの進出に対して、翌五九年、ポーランド、スウェーデン、デンマークが介入した。このリヴォニア戦争中、ロシアの脅威にさらされたリヴォニアの北部エストラントは、北の大国として新たに台頭してきていたスウェーデンの庇護《ひご》下におかれることを求めた。

スウェーデンのエリック一四世（在位一五六〇―七〇）は、エストラントの騎士階級（貴族階級）に特権を与え、都市レヴァル（タリン）には帝国内での特別な地位を付与した。エストラントのバルト・ドイツ人貴族は独自の貴族身分（リッターシャフト身分）を与えられ、スウェーデンから広範な自治と特権を得た。これまでどおり自領地についてのほぼ完全な管理と農民に対する裁判権、警察権を有したうえに、地方議会（ランドターク）を代表する全面的な権利を獲得している。スウェーデンからレヴァルに派遣された行政官（総督）の責務は、軍事面での地域の安全確保と収税とであった。

ドイツ人貴族の特権

リヴォニア戦争の結果、ポーランドの支配下におかれていたリヴォニアの南部、リヴラントおよび都市リーガが、その後、同地域をめぐるポーランドとの闘いに勝ったスウェーデンの支配下におかれることとなったのは一六二一年のことであった。一六二九年、アルトマルク条約によってスウェーデン、ポーランド間の戦争は終結し、正式にリヴラントはスウェーデン領に、ラトガレ（インフランティ）はポーランド・リトアニアによる直接統治下におかれた。これを基盤に、ヨーロッパで一六一八年に始まっていた三十年戦争に新教国スウェーデンはかかわっていく。

さらに、リヴラントの貴族身分（リッターシャフト身分）がエストラントのそれと同様の特権を得るのは、一六二九年グスタフ二世アドルフの治世下である。彼は、リヴラントとエストラントの両地域の統一を図ろうとはしなかった。グスタフ二世アドルフ時代には教会制度で抜本的な改革が実施された。教会の秩序は身分制にもとづくものであり、バルト・ドイツ人地主貴族は教区での権威者であった。

クリスティナ女王（在位一六三二―五四）の時代の一六三四年、エストラントにならってリヴラントでも貴族が独自の貴族身分（リッターシャフト身分）を認められるようになった。両地域で、この貴族身分は、後に触れるようにその後多少の変更はあったものの、一九二〇年の廃止まで存続したのであった。タリンとリーガにおかれた総督はスウェーデンから派遣されたが、それ以外の役人は現地のドイツ人貴族が圧倒的多数を占め、スウェーデン人でさえ少数であったのだから、エストニア人、ラトヴィア人はそこにはほとんど登場してこない。スウェーデン支配下で、エストラントの貴族はある程度の自治を獲得したが、リヴラントの貴族は自治を獲得するにはいたらなかった。

エストラント、リヴラントの二地方でのスウェーデンの影響力は増加していった。戦乱で獲得した領地の没収や国有地の広範な分配によって、リヴラントでは耕作地の五分の二がスウェーデン人の所有になった（一六四一年）。

カール一一世（在位一六六〇―九七）の時代は、王権の強化と二つの改革計画の実行で特徴づけられる。彼が目指した改革の第一は農民の解放であり、第二は一六八〇年代の戦費の財源作りであった。八一年にカール一一世は、農奴制の完全な廃止を要求したが、リヴラントの貴族がその要求を拒否したため、九四年に、リヴラント地方議会の権限を制限し、その常設執行機関を廃止、地方議会を総督の管理下においた。だが、これは後のロシア帝国時代、一七一〇年にピョートル一世（大帝、在位一六八二―一七二五）によって復活されることになる。カール一一世の改革に抵抗するリッターシャフト身分の貴族の中には、スウェーデンと対抗するロシア、ザクセン・ポーランド、デンマーク間の同盟に奔走するものも現われた。だが、結果的に、リヴラントは特別な地位を獲得できず、スウェーデンの州と同格の扱いとされた。

リッターシャフト身分のバルト・ドイツ人貴族が、地主領主として経済基盤を固めていくなか、エストニア人、ラトヴィア人農民は租税だけでなく労働義務の負担も次第に重くなり、農奴の地位におかれた。農奴は土地に縛り付けられ、売買されることさえあった。そこから逃れる道は逃亡だけであった。

一方、ラトガレはその後もスウェーデン、ロシアにとって強い関心の地であり、依然として戦乱が続いていた。ラトガレではおよそ六〇人の地主貴族と教会が土地を所有しており、姓から判断してそのうちの約五分の二がドイツ系の出身者であり、残りがポーランド人、あるいはリトアニア人地主貴族であった。だが、ドイツ系の地主貴族は数の上では多くないものの、領地の半分以上を所有していたことから、少数のバルト・ドイツ人地主がラトガレでもまだ優位を誇っていたようである。

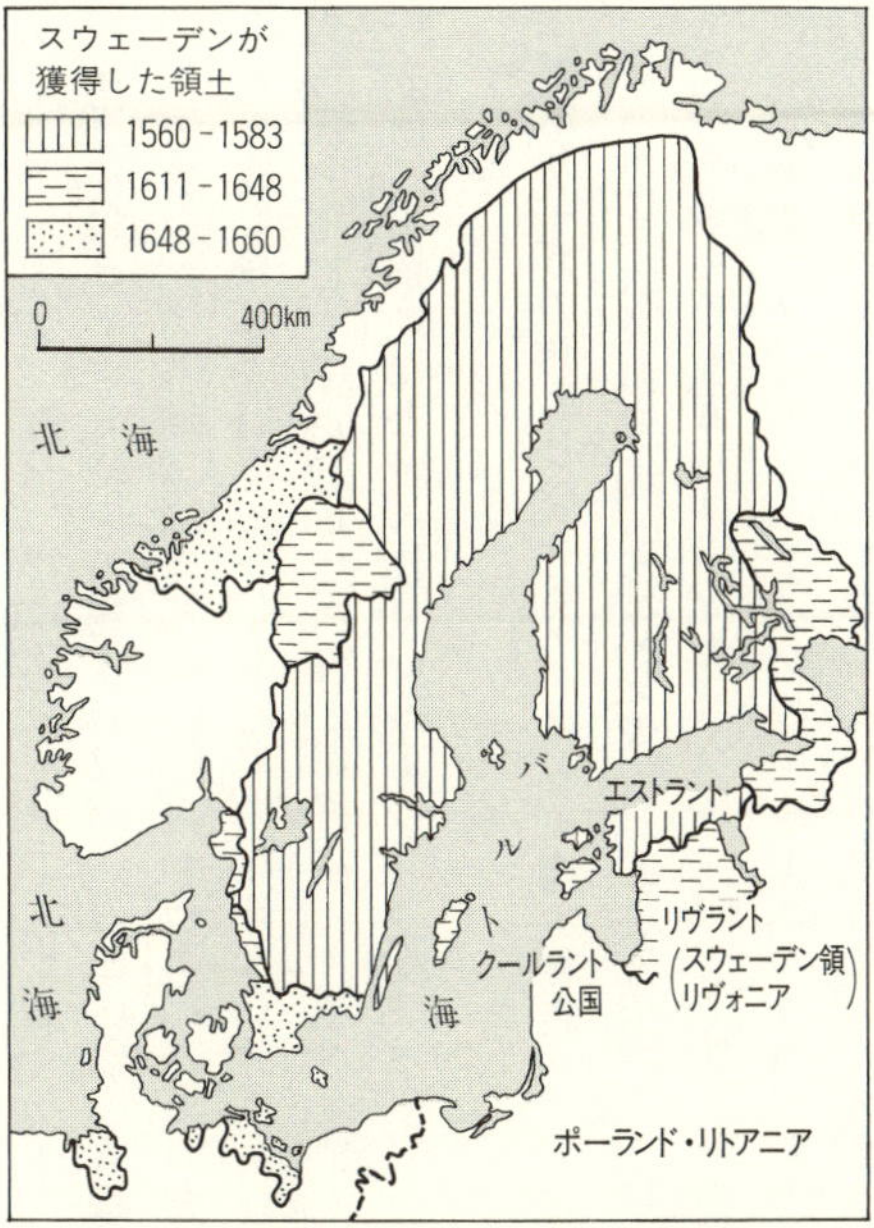

16—17世紀のスウェーデン支配領域

リヴォニア戦争、ポーランド・リトアニア対スウェーデンの闘い、東からのロシアの侵入と絶え間ない闘いの舞台となったバルト海東岸では、多くの農民の命が失われた。一七世紀前半の人口は前世紀よりも減少しており、ラトガレ（インフランティ）で約六万〜七万人、リヴラントではラトヴィア人が約五万人、エストラント、リヴラントのエストニア人が約六万〜七万人と推計されている。人口は、その後、他地域からの流入もあって急速に回復し、一七世紀後半にはラトガレ地方の総人口は一〇万三〇〇〇人程度になった。また、バルト海東岸地方のエストニア人は三二万五〇〇〇人から四〇万人の間、ラトヴィア人は約一四万二〇〇〇人と見積もられている。一七世紀末になると、再び人口の激減がみられた。というのも、一六九五―九七年に発生した水害と霜害は、エストニア人の人口を約二〇%も喪失させるほどの大飢饉《ききん》を招いたといわれているからである。

都市リーガの発展とバルト・ドイツ人地主貴族

繰り返される戦乱の巻き添えを食った都市の一つに、中世の重要都市ドルパト（現タルト）があった。一方、リーガのほうは、バルト海東岸地域のもっとも重要な港としてその地位を固めていく。スウェーデンの全輸出入のうち、リーガはその三分の一を占めた時期もあり、スウェーデンのバルト帝国最大の都市として発展した。一六世紀末から一七世紀の間に、輸出量（亜麻、麻、その種子）は増大し、リーガは一六三二年にはストックホルムに次ぐスウェーデン帝国の「第二の都市」の地位を得た。ライ麦の輸出を主に扱うレヴァル（現タリン）は「第三の都市」の地位を得た。一一七一年にハンザ同盟の拠点となり、現在エストニアのもっとも東にある国境の町ナルヴァは、一七世紀後半ロシアからの商品（ロシア革）の最重要積み替え地として栄えていた。

ポーランド・リトアニア、スウェーデンの支配を経験したリヴォニアの三地域、エストラント、リヴラント、クールラントは、これ以後、非常に似た歴史的過程をたどる。そこに共通にみられるのは、騎士団勢力の崩壊後のバルト・ドイツ人地主貴族が保持する政治的権力の固定化である。そこではそれぞれ独自の「ランデスシュタート（州国家）」ができた。それは貴族による自治という特徴的な形をもっていた。リヴォニア戦争の勝利者は、バルト・ドイツ人地主貴族であったともいわれるようになる。公国であったクールラントでさえ、バルト・ドイツ人地主貴族（リッターシャフト・メンバー）の発言権は強大なものであった。しかし、三地域のバルト・ドイツ人地主貴族間のつながりは、まだ密ではなかった。

中世の荘園制度から領主による農場経営への発展は、バルト海東岸地域でも起きていた。このような変化は、西欧の海外への進出とそれにともなう経済的発展と無関係ではなかった。西欧の経済発展は、東欧からの原料、穀物を中心とする食料の市場の拡大を意味した。農業経営による利益の拡大にバルト・ドイツ人地主貴族が関心をもち、領地からの収益の割合の増加、領地の確実な相続、領地の拡大等の諸権利を確実なものとする努力がなされたのである。東欧で「再版農奴制」と呼ばれている西欧の後背地としての農場経営が、バルト海東岸地域でも展開され、農民の生活条件の悪化は著しかった。スウェーデンとは異なるバルト・

ドイツ人地主貴族の経済的繁栄は、現地エストニア人、ラトヴィア人農民の犠牲に支えられるものであった。

また、西欧の経済的発展による海外進出は、バルト海貿易に新たな主役を生み出した。それは、オランダ商人、イギリス商人、そしてバルト地域の都市の商人である。

一六二一年にスウェーデンに屈した都市リーガには、リヴラントのスウェーデン軍指揮下のリヴラント総督府がおかれていた。バルト海沿岸地域やベラルーシ、リトアニアからの中継貿易の拠点として発展したこのリーガは、一六八〇年代には数万人の人口を擁していた。そこでは、三〇〇~四〇〇〇人の商人が広範な商業活動を展開しており、活動はリーガにとどまらなかった。商業活動では、ドイツ語が用いられていたことはいうまでもない。一六世紀から一七世紀にかけて都市リーガにあった四三のギルドのメンバーは圧倒的多数をドイツ人が占めていた。しかし、商人や鍛冶屋《かじ》、織物、肉屋、仕立て屋などの職人分野では小規模なものに限られていたが、ラトヴィア人の協同組合もあった。都市での政治的な実権はドイツ人の大商人や職工組織の手に握られていたのはこれまでどおりであった。

スウェーデン支配のこの時代が、現地の人々に「幸福なスウェーデン時代」として記憶に残っている理由を考えると、スウェーデン国王が農民の地位の改善を試みたことや、地方への学校の設置、戦乱の影響を受けたドルパトに大学を創設(一六三二年)したことなどを指摘できるのかもしれない。バルト海東南岸地域で大学としてもっとも早く設立されたのはヴィリニュス大学（一五七九年）であったが、ドルパト大学の設立はそれに次ぐものであった。ちなみに、モスクワに大学が設立されたのは一七五五年と一七〇年以上も後のことである。

五　クールラント公国

ラトヴィアの首都リーガの南西約四二キロメートルのところにあるヤルガヴァの町のクールラント公の宮殿と、その前をゆったりと流れる川とそれに沿う樹木、それらは絵画のような美しい風景をつくり出している。イタリア人建築家ラストゥレリ（?―一七四四）の手になるこのバロック宮殿は現在、一部を博物館とするほかは、農業大学として利用されている。歴代のクールラント公も宮殿内の墓所に眠っている。ここは一六世紀から一八世紀にクールラント公国の都ミタウ（ラトヴィア語でヤルガヴァ）として知られたところであった。瀟洒《しょうしゃ》なヤルガヴァの宮殿は、後にフランス革命で亡命してきたルイ一六世の弟（ルイ一八世）が一時滞在していたところでもある。

そのクールラント公国が成立したのは、一五六二年に最後のリヴォニアの騎士団長ゴットハルト・ケトラーがポーランド・リトアニアの封臣となり、クールラント公の地位を獲得したときである。当時、リヴォニア騎士団領は、一五二五年まで密接な関係にあったプロイセンのドイツ騎士団の世俗化(ポーランドの封臣になること)にともない、孤立していた。バルト海への出口を目指すロシアのイヴァン四世(雷帝)のモスクワ公国に対抗して、最後のヨガイラ(ポーランド語でヤギェウヴォ)朝のポーランド・リトアニア国王ジギスムント・アウグストゥスとリヴォニア騎士団は、一五五七年、対モスクワ軍事同盟を締結した。モスクワとポーランド・リトアニアの戦場はリヴォニアである。一五六一年リヴォニア騎士団長ケトラーは、ポーランドに協力を申し出、リヴラントをポーランドの封土とする代わりに、自治と新教信仰の自由を得た。ケトラーは、クールラントとその南のゼムガレを領有する封臣となり、クールラント公の地位についた。また同年、スウェーデンがリヴォニアの北部、エストラントを獲得しており、ここにリヴォニアは解体した。一時スウェーデン領となっていたラトガレは、一五六九年にポーランド・リトアニアに併合され、ポーランド領リヴォニア(ポーランド語でインフランティ)と呼ばれる。

リヴォニアの中で、崩壊後に独自の国家的形態を維持できたのはクールラント公国だけであった。クールラントは、ドイツ人のクールラント公、バルト・ドイツ人の上層階層と役人など、支配階層はすべてドイツ人であり、ラトヴィア人のほとんどは農民であることによって特徴づけられる。小都市では、ユダヤ人の居住がみられた。

クールラントの発展は、公と貴族間の話し合いで進められることになっており、地方議会は都市の代表を除外した。クールラント公の中でも、初代ゴットハルト・ケトラーの孫にあたるヤコブ・ケトラー公（在位一六四二―八二）は、もっとも重要な人物として紹介できよう。彼は、フリードリッヒ・ブランデンブルク大選帝侯（在位一六四〇―八八）の義兄弟でもあったが、その活動で注目に値するのは経済活動である。特に広大な直轄領の合理的経営と通商および産業の発展に重点をおいただけでなく、一六五一年には、海外に貿易拠点を建設し、植民地の獲得も目指した。一時的とはいえ獲得した植民地は、西アフリカのガンビアとカリブ海のアンティル諸島のトバゴであった。クールラント公国の最盛期である。内的には専制を、外的には主権の確立を目指したヤコブ公であったが、ロシア、ポーランド・リトアニア、スウェーデンの間の一六五四―六七年の戦争に巻き込まれ、植民地を喪失、その後クールラントの経済的繁栄は衰微していった。というのも、ヤコブの息子フリードリッヒ（在位一六八二―九八）は、この経済政策を継続したものの、建築、公園施設、オランジュリー（温室）、厩舎《きゅうしゃ》などへの出費が公国経営を揺るがしていったからである。

クールラント公国がロシア帝国に編入される前のこと、ロシアのピョートル大帝の姪アンナが一七一〇年にクールラント公に嫁した。クールラント公妃アンナは、一七三〇年にピョートル大帝の死によって、ロシア帝国女帝（在位一七三〇―四〇）となった人である。クールラント公が一七三七年に後継者を残さず亡くなったため、アンナ女帝は愛人で国政の顧問として権力を振るったバルト・ドイツ人貴族ビューレン男爵(ラトヴィア語でビーロンス)にクールラント公国を与えた。フォン・ビューレンが居城としたのがヤルガヴァの宮殿であり、彼がアンナ女帝のために夏の宮殿として建設させたのが、今もラトヴィアの南部ルンダーレに残るイタリア風バロック建築の宮殿である。これもヤルガヴァの宮殿と同じく、サンクト・ペテルブルクの冬の宮殿なども手がけたイタリア人建築家ラストゥレリの設計によるものであった。ルンダーレ宮殿には、第二次世界大戦中、占領ソ連軍の司令部がおかれていたため、内部の傷みが激しかったが、一九七〇年代から修復が開始され、現在は、一般に公開されている。

第四章　ロシアによる支配の確立

一　ロシアの統治の始まり

ロシアによるバルト海東岸地域の支配は、実質的には一七一〇年にリヴラント、エストラントで始まった（正式には一七二一年）。これが、ロシアが帝国として台頭してくる始まりでもあった。一八世紀を通じて、ラトガレ（ポーランド領リヴォニア、インフランティ）は一七七二年、リトアニアの一部（第二次ポーランド分割）は一七九三年、残るリトアニア全体（第三次ポーランド分割）が一七九五年、クールラント公国も一七九五年（クールラント公妃アンナが一七三〇年にロシア皇帝となったため、それ以後実質的にはロシア支配下も同然）と、次々にロシアに編入された。そしてリヴラント、エストラント、クールラントは、その伝統的枠組みを生かしたままバルト海諸県に、ラトガレ、リトアニアは西部諸県に再編された。

ロシアの支配地域——バルト海東岸地域

バルト海東南岸地域は、ロシアが支配する東岸地域と、ポーランド・リトアニアが支配する東南岸地域の二つの地域に分けられる。この二つの支配地域の構造は、二〇世紀初頭までおよそ二〇〇年続くのだが、ロシアの統治の観点からみると、前半期は地方分権的統治の時代ということもできるであろう。この時期、バルト・ドイツ人地主貴族に地方行政を任せたので、彼らはその地位の強化に成功した。後半期は中央集権的統治の時代ということができよう。これはロシア化政策の実施である。バルト海東岸地方へのロシア化政策は、エストニア人、ラトヴィア人の農民だけでなく、バルト・ドイツ人地主貴族にも及ぶかなり徹底したものであった。だが、前半期にバルト・ドイツ人貴族によって生み出された社会の特色によって、その後のバルト海東岸地域と他のロシア帝国内の地域との間でその差異が浮き彫りになり、それは現在まで伝わるものであった。

西欧への西の窓口をつくり上げたのは、ピョートル大帝である。ヨーロッパ各国の先進技術を学ぶために派遣された使節団の一員として参加したピョートルは、大江志乃夫氏の『バルチック艦隊』（中公新書）によると、当時のクールラント公国のリバウ（ラトヴィア語でリアパーヤ）で初めてバルト海を見たことが、西欧への進出先を黒海からバルト海へと方向転換するきっかけとなったという。そのため西への窓口を求めてピョートルは、バルト海沿岸の湿地帯という悪条件にもかかわらず、サンクト・ペテルブルクの建設を強行したのである。これはロシアにとっての栄光の時代の始まりであった。それゆえ建都三〇〇周年にあたる二〇〇三年に、プーチン・ロシア大統領はきわめて盛大な祝典を行なったのである。

サンクト・ペテルブルク建設着工と同時に、ピョートルはザクセン公であったアウグストを国王とするポーランド、デンマークと「北方同盟」を結び（一六九九年）、翌年、当時環バルト海地域の覇権を握っていたスウェーデンとの戦争に立ち上がった。北方戦争である。ロシアはスウェーデンが要塞としていたナルヴァを包囲したものの、スウェーデン軍からの強力な痛手を受けた。しかし、態勢を立て直して、ロシアはポルタヴァで勝利し、さらにリヴォニアに侵攻した。スウェーデンの軍隊は敗走し、降伏した。こうして一七二一年にニスタト条約で北方戦争を終結したロシアは、スウェーデンからエストラント、リヴラントを正式に獲得した。バルト海地域の覇権が、スウェーデンの手からロシアの手へと移る歴史的な出来事である。サーレマー島は、スウェーデン時代は独立した行政区域であったが、一七一〇年にロシアの支配におかれると、リヴラントに組み込まれた。だが、サーレマーのバルト・

ドイツ人貴族は、その独立性をずっと保持することができた。イヴァン四世（雷帝）がリヴォニア騎士団領の征服を目指して西方への進出を試みてから、すでに二世紀近くがたっていた。

一八世紀のロシアは、スウェーデンとの戦争のみならず、帝国の威信と領土拡大を目指して断続的な戦争をトルコ、ポーランド、フランスと行なった。最初にロシアに編入されていったバルト海東岸地域のリヴラント、エストラントでは、バルト・ドイツ人貴族が依然として地方行政を担い、当初、農民の生活にロシアの支配が大きな影響を与えることはなかった。ピョートルはバルト・ドイツ人貴族による支配とプロテスタントの信仰にも干渉しないことに合意したのである。

では、ロシア帝国に編入されたバルト海東岸地方で、なぜ、バルト・ドイツ人が特権を保持することに成功したのみならず、一層の繁栄を迎えることになったのだろうか？

まず第一の理由は、ピョートルがロシア帝国内の地位を守るためには、バルト・ドイツ人貴族の支持を取り付けることが必要であったことである。いま一つの理由は、バルト・ドイツ人がヨーロッパの言語、文化、技術などに精通しており、彼らにヨーロッパ文化との橋渡しを期待したことである。これは、ピョートル一世に続く歴代のロシア皇帝が共有していたバルト・ドイツ人に対する認識であった。

ピョートル一世の死後に女帝となった后エカチェリーナ一世（在位一七二五―二七）は、リヴラント生まれであった（出身はリトアニア）。女帝としては特に功績を残してはいないが、娘エリザベータ・ペトロヴナが女帝（在位一七四一―六二）となり、もう一人の娘アンナ（ホルシュタイン＝ゴットルプ公妃）の子孫がその後のロシア皇帝となっていくという点では、歴史に残る人物といえよう。

一八世紀後半に、ロシア帝国の基盤を固めたエカチェリーナ二世（在位一七六二―九六）は、一七六四年に農民の生活を視察する目的で、一ヵ月にわたりエストラント、リヴラントを訪れた。そこで見たものは農奴であり、その生活の惨めさに女帝は驚いたという。そこで啓蒙《けいもう》専制君主を自認する女帝は、翌一七六五年に農民の地位改善を総督に命じた。バルト・ドイツ人地主貴族によるバルト海東岸地域の支配を変えようとしたのである。だが、それを効果的に行なうことはできなかった。当時、農民は完全に法的権利を失い、ときには農民の売買さえ行なわれたらしい。当時の農奴の売却広告がリーガのドイツ語新聞にも出ている。このような農奴の地位から脱出する手立てとしては逃亡しかなく、町へ逃亡するものが増えた。一七八四年に導入された人頭税によっていっそう負担を負うことになった農民は一揆《いっき》を引き起こした。この年に、ラトヴィア人が住むリヴラント南部で発生した農民一揆は、エストニア人の住むリヴラント北部にまで拡大したが、ロシア軍によって鎮圧され、多くの血が流された。

アレクサンドル一世（在位一八〇一―二五）は、一七九五年の第三次ポーランド分割によって獲得したクールラントも含む三地方に、新総督府をおいた。アレクサンドル一世は、ロシアが新たに領土としたフィンランド、ポーランド、バルト地方から学ぶことが多いと考え、バルト地方の土着の政治エリートに地方行政を任せていた。このためロシア帝国中央政府からバルト三地方に派遣された総督や官吏の多くは、バルト・ドイツ人エリートに対して好意的であった。地方ではバルト・ドイツ人地主貴族が、都市ではバルト・ドイツ人である商人や役人などの都市貴族が支配するというこれまでの形態には大きな変化はみられず、またエストラント、リヴラント、クールラントの地方行政はバルト・ドイツ人が握ったままであった。エストニア人の住むエーゼル（エストニア語でサーレマー）は、行政区としてはリヴラントの一部とされていたが、実際には独自の地方を構成しており、リヴラントに準じる地方行政組織をもっていた。

ポーランド・リトアニア支配地域――バルト海東南岸地域

かつてはヨーロッパの大国であり、一六世紀のルブリン連合によってポーランド・リトアニア国家を構成していたリトアニアの地は、どのようになったのだろうか？

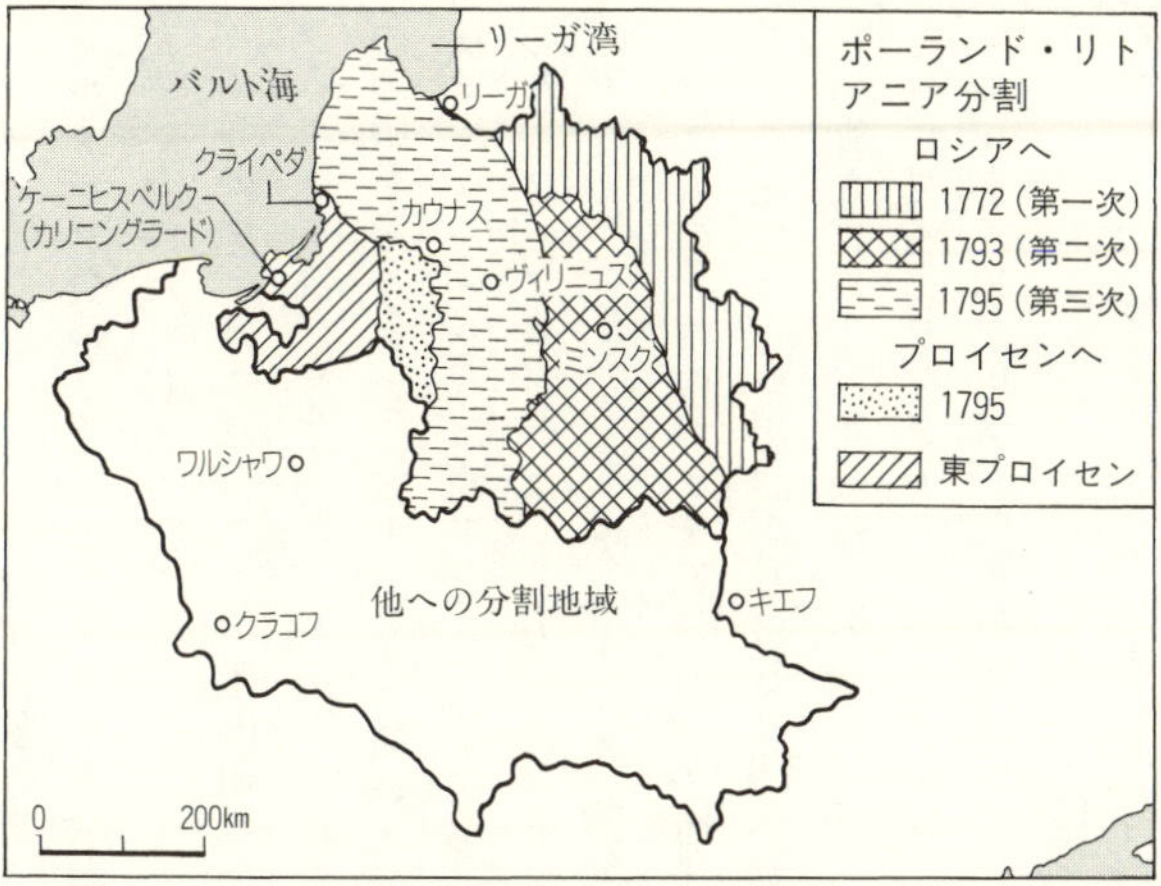

ポーランド・リトアニア分割

バルト海東岸地域ではロシア帝国に編入されても、これまでどおりの行政単位が維持されたのに対して、バルト海東南岸地域のリトアニア人居住地域では、これまでの行政単位が大きく崩された。第一次ポーランド分割によって最初にロシア領となったのは、ラトヴィア人が住むポーランド領リヴォニア（インフランティ、現ラトヴィアのラトガレ）であった。第三次ポーランド分割の一七九五年には、リトアニアの領土の大半はロシア領となり、同様に編入されたベラルーシやウクライナ右岸の地も含めた西部諸県では、行政単位の再編が繰り返された。リトアニア人の居住する地域の一部は、第三次ポーランド分割によってプロイセン領となった。プロイセンは、この最後の分割によって、バルト海沿岸のプロイセン領であったメーメル（現リトアニアのクライペダ）まで回廊がつながった。また、リトアニア人が住む地域の一部は、ワルシャワ公国、そしてポーランド会議王国に含まれ、リトアニア人の伝統的な行政単位は完全に崩されてしまった。

一九世紀半ばには、ロシア帝国領にあったリトアニア人の居住地域はヴィルナ、コヴノ、グロドノ（現ベラルーシ）、スワゥキ（ネムナス川左岸）の四県を構成しており（一一一ページの地図参照）、一六〇万人のリトアニア人を含む約二五〇万人が暮らしていた。また、リトアニア・マイナー（東プロイセンの東部）と呼ばれるプロイセン支配下の地域には一〇万人のリトアニア人がいた。一方で、ラトヴィア人の居住するポーランド領リヴォニア（現ラトヴィアのラトガレ）は、ヴィチェプスク県に編入されていた。そこには、一九世紀半ばラトラトヴィア人の人口のおよそ五分の一が居住していた。ヴィチェプスク県に編入されたことで、この地域ではロシア語がしばしば聞かれ、また、ロシア人、ポーランド人、ベラルーシ人との婚姻などによって彼らとの接触が増し、その影響を受けた。

かつてポーランド・リトアニア国家に属したリトアニア人やラトヴィア人の居住地域では、エストラント、リヴラント、クールラントとは異なり、支配エリートはバルト・ドイツ人ではなく、ポーランド人（ポーランド化した元リトアニア人貴族も含む）の大土地所有貴族（マグナート）や都市貴族、そしてロシア人であり、東部の入植地ではベラルーシ人がいた。都市をみると、エストニア人やラトヴィア人の居住地域ではバルト・ドイツ人エリートの支配下にあったが、リトアニア人の地域では貿易、産業に従事する多くのユダヤ人の力が強かった。特にヴィリニュスは、東欧ユダヤ人にとって一つの文化的中心地として発展していたことは前にも触れたとおりである。ヴィリニュスは、リトアニア人にとっても、ポーランド人にとっても、ユダヤ人にとっても、一つの精神のよりどころとなる地であった。これが二〇世紀になって、この地をめぐる衝突へとつながっていく。

他のリトアニア人居住地域と異なり、一部にリトアニア人が居住するポーランドとの境界にあるスワゥキ地域だけは、第三次ポーランド分割でプロイセン領になり、一八〇七年のナポレオン軍の占領後、ナポレオンによって創設されたワルシャワ公国に含まれた。その他のリトアニア人地域が北のエストラント、リヴラント、クールラントとともにロシア型社会へと移行していくなかで、特異な地としてとどまった。

二　地域のエリートの台頭——バルト・ドイツ人

一八世紀後半から一九世紀初めのロシアの支配層をみると、かなりコスモポリタン的である。これはロシアだけに特徴的なことではなく、ヨーロッパ全体でみられた現象であった。

だが、近代国家へロシアが変貌《へんぼう》しようとする一九世紀、バルト海諸県では、地域エリートはその地位を失うどころか強化させていったのである。フランス革命、ナポレオン戦争を経て国家統一を図っていく西欧諸国と比べたとき、それに追随しようと近代化を図り、国民国家を模索するロシアのジレンマが地域エリートとの関係に映し出される。ロシア帝国がヨーロッパの一国としての外交を展開していくうえで西欧的教育を受けた人々の支持と援助は欠かすことのできない要素であった。そこにバルト・ドイツ人の台頭の機会があったが、それが、やがてはロシアの近代国民国家としての発展の足枷《あしかせ》となっていくのである。

バルト・ドイツ人の台頭

「北方戦争の真の勝利者は、リヴォニア（騎士団領地域）のバルト・ドイツ人貴族」といわれるように、ロシア帝国内で軍人、官僚、外交官、司法官、さらには医者、薬剤師、科学者、教育者、弁護士、ルター派牧師等々として活躍するバルト・ドイツ人が多くなった。彼らは、ドイツ語で教育が行なわれていたリヴラントのドルパト大学（現タルト大学）や、ドイツ諸都市の大学で高等教育を受けていた。このような帝国内の重要ポストにバルト・ドイツ人の多くが進出できた理由としては、ロシア帝国政府が彼らの伝統的な特権を保持させようとする特別な意図があったからである。このような特権の付与は、アレクサンドル二世（在位一八五五―八一）まで、歴代のツァーリによって習慣的に確認されていった。この習慣を拒否したのが、一九世紀後半、ロシア化政策で知られるアレクサンドル三世（在位一八八一―九四）と、それに続くニコライ二世（在位一八九四―一九一七）であった。

バルト海東南岸地域は、ロシアとドイツに挟まれるという地理的な位置にあって、北から進出していたスウェーデンの勢力は撤退したものの、環バルト海地域をめぐる覇権争いに依然としてさらされ続けていた。ロシア正教の地であるロシアの領土となったこの地域で、これまでどおりプロテスタントやカトリックの西方キリスト教の信仰が許されていたことは、ロシアにとってこの地域がいかに重要であったかの一端を語っているのではないだろうか。

すでに触れたように、バルト海東岸をその手におさめたピョートル一世は、地域エリートであったバルト・ドイツ人貴族を重用した。それまでは、スコットランド人、フランス人、スウェーデン人、ポーランド人、ドイツ人などの外国人が重用されていたが、今やバルト・ドイツ人貴族が取って代わったのである。ロシア帝国編入からまもない一七三〇年に、ロシア帝国軍の将校団のおよそ四分の一が、バルト・ドイツ人であった。また、ロシア帝国時代の一七一〇―一九一八年には、高級官吏の八分の一はバルト地方出身であったというから、その帝国内でのエリート層への進出ぶりは目をみはるものがあるだろう。一九世紀半ばのバルト地方のドイツ語系住民の総数が約一二万五〇〇〇人であることを考えると、その進出ぶりには驚かされる。ちなみに、一八二五年に設立された帝国学士院（アカデミー）会員一一一名のうち、ロシア人が二六名であったのに対して、六八名がドイツ語を母国語とする者であったことも、ドイツ語系住民の進出ぶりの好例としてあげられる。

また、ロシア帝国は、ポーランド・リトアニアをその領内に編入することで、多数のポーランド人貴族も囲い込むこととなり、一九世紀半ばに彼らは数の上でロシア帝国貴族の半数以上を占めるほどであった。

エカチェリーナ二世の対バルト・ドイツ人

一八世紀後半、ロシア帝国の力を高めるのに貢献したエカチェリーナ二世は、中央集権を進め、バルト地方をロシアに完全に統合しようとする改革を目指していた。

その改革のためには、バルト・ドイツ人の助言が必要であった。エカチェリーナ二世は、バルト地方の西方キリスト教信仰には手をつけなかった。彼女の助言者として特に知られているのは、リヴラント出身のバルト・ドイツ人貴族で、ロシア帝国外交官のジーベルス伯爵（一七三一―一八〇八）である。バルト・ドイツ人貴族はヨーロッパとのつながりもあり、その事情や言語にも精通していたという理由から、「西欧化」に邁進《まいしん》する一八世紀のロシアで、その近代化の橋渡しの役割を期待されていたことはすでに触れたとおりである。

エストラント、リヴラントを訪問することによって、彼女は農民（農奴）の教育の必要性を痛感したようだ。女帝は教育を通じて社会全体に影響を及ぼそうとしたのであった。一八世紀後半に、多くの村に学校がつくられたが、深刻な飢饉の発生で閉鎖される学校も多く、教育制度の復活と拡大は、一九世紀前半になってからになる。

結果的にみると、エカチェリーナ二世による地主貴族に対する農奴の地位改善は成功しなかったのだが、地方行政、司法制度、都市の統治、収税制度などに関しては、確実に改革の成果を出した。しかし、これは次のパーヴェル一世（在位一七九六－一八〇一）によって、次々と覆されてはいくのであるが。

活躍するバルト・ドイツ人

ロシアの西方境界地域の総督として活躍するバルト・ドイツ人もいた。一七七二年の第一次ポーランド分割の際に、ワルシャワで活躍したロシア大使のシュタッケルベルクもその一人である。ロシア帝国の指導層として台頭してくるバルト・ドイツ人は、エカチェリーナ二世を取り巻く人々だけではない。

たとえば、アンリ・トロワイヤが描いた歴史小説『アレクサンドル一世』にも、多くの実在のバルト・ドイツ人がロシア帝室の側近として登場してくる。アレクサンドルの妹たちの世話役としてエカチェリーナ二世の信任の厚かったリーヴェン伯爵夫人など、バルト・ドイツ人に関する事典をぱらぱらとめくっていると、ロシア帝室に仕えたバルト・ドイツ人だけでも枚挙にいとまがない。

バルト・ドイツ人地主貴族の中には、特権を保持しながらロシア帝国の統治に参加していくものがいる一方で、経済活動で繁栄を享受するものもいた。一八世紀に穀物をヨーロッパ市場に輸出してきたバルト海東岸地域では、穀物生産をふやすため、耕作地の拡大を進めた。これとともに穀物以外にも亜麻などの商品作物の生産を導入した農場経営は、バルト・ドイツ人地主貴族に経済的繁栄をもたらした。地主貴族がさらに手がけていったのが、蒸留酒製造である。これは、牧草地を農地に転用したことで生じた問題を、蒸留酒製造からでる滓《かす》を牛の肥育に利用することで解決しようというものであった。

一九世紀の農奴解放によってラトヴィア人、エストニア人の小農が生まれていた二〇世紀初頭、地主の所有する土地の平均面積は、エストラントでは二一一三ヘクタール、リヴラントでは二二六四ヘクタール、クールラントでは一九五六ヘクタールという広大なものであった。地主のほとんどが、バルト・ドイツ人貴族であった。ところがリトアニアでは、地主（ポーランド人もしくはロシア人）の地所はその五分の一から六分の一という規模であった。リヴラントでは、なかには一家族で一〇万ヘクタール以上の地所をもつ地主もおり、富裕な地主貴族の中には、ヨーロッパでも王侯貴族が富の象徴として所有していたようなオランジュリー（オレンジ栽培温室）を所有するなど豪奢《ごうしゃ》な生活をおくるものもいたようである。

一九世紀前半の農業危機

一八二〇年代に東ヨーロッパ全域に広がった農業危機はバルト海東岸地域にも波及した。市場向けに生産されていた穀物や蒸留酒の価格の下落である。バルト海東岸地域の蒸留酒製造の発展はロシア市場での競争を激化させ、小規模な酒造所は大規模なそれに吸収されていき、破産する地主貴族も現われた。このため農業の合理化、進んだ設備や農機具の導入、また、蒸留酒の材料に安価なジャガイモを利用するなどの工夫が、多くの地主貴族によって試みられたのであった。

社会の改革という点からみると、一八世紀末から一九世紀初頭にかけて、ロシア帝国にとってバルト海東南岸地域は、「改革のある種の実験室」の役割を果したとアメリカのロシア史研究者サーデンが的確に評している。確かに、ヨーロッパの事情に詳しいこの地域のエリートにとって、ヨーロッパの政治体制の一支柱でありたいと願うロシア帝国の中で、農業、教育、政治上の改革を進めてみるのに、この地域はもっとも適していたのである。

三　ロシア化政策の背景

一八世紀から一九世紀前半にかけてロシア帝国は、すでに触れたように、バルト海東岸地域を帝国へ統合する企図を実現しながらも、ゆるやかなロシア化政策にとどまっていた。その理由は、この地域のエリートであったバルト・ドイツ人貴族の存在とその帝国内での地位、さらにこの地域がロシア帝国内でもっとも西欧化されており、したがって帝国全体の改革のためのモデル地域として、西欧とロシアをつなぐ地域であることが認識されていたからである。

だが、一九世紀後半に登場したアレクサンドル三世は、バルト海東岸地域に対しても、厳しいロシア化政策でのぞんだ。ピョートル大帝以来、伝統的にバルト海東岸地方のバルト・ドイツ人地主貴族の特権を認めてきた代々のロシア皇帝であったが、これを初めて拒否したのである。当時、ロシアは一八七七―七八年のオスマン・トルコとの戦争でトルコを破ったとはいえ、財政の再建と経済の近代化が必要とされていた。アレクサンドル三世のロシア化政策は、地域のエリートや、帝国の官僚、軍人などの要職についていたバルト・ドイツ人も例外としなかった。ここでは、その要因を探りながら、ロシア化政策の背景について検討してみよう。

ロシア化政策の進行

まず、外交、内政、思想という三つの要因から考えてみたい。第一の外交的な視点では、ヨーロッパ内でのロシアの位置づけ、第二の内政の視点に立てば、ロシアの社会・経済的状況、第三の思想の視点からは、啓蒙主義やフランス革命、一八四八年革命の影響などを指摘できるだろう。

第一の要因として、ヨーロッパの中でロシアの位置づけがどのように変わっていったのかを考えてみよう。一八世紀に環バルト海地域の覇権をスウェーデンやポーランドから奪ったロシアは、一九世紀初頭には、ヨーロッパの大国として成長を始めていた。ナポレオン軍との戦争でロシアが勝利を収めたことは、ヨーロッパの政治体制を支えるロシアの存在をウィーン会議でヨーロッパ諸列強に印象づけたのである。だが、一八五三―五六年のトルコとのクリミア戦争でイギリス、オーストリア、プロイセンなどの連合国に惨敗したことから、ロシア帝国が誇ってきた軍事力の後進性が露呈されたのみならず、国家としての近代化の遅れは歴然とした。だが、領土的拡大を続けるロシアは、一九世紀には、極東、中央アジア、カフカスで領土を拡大していた。

ロシアが領土拡大を進めている間に、隣国プロイセンが覇権を握るドイツ人の国家が一八七一年に成立したことは、ロシアにとって脅威となった。そこで、ヨーロッパ内の勢力均衡を図るためにも、一八七三年にドイツ帝国とオーストリア＝ハンガリー帝国との「三帝同盟」を締結した。しかし一八七七年に、クリミア戦争敗退からの威信回復とバルカン半島での影響力の拡大とをもくろんで、ロシアはトルコ支配下のスラヴ民族を救援する名目で再びトルコに宣戦した。戦争の結果、一八七八年三月のサン・ステファノ条約によりロシアは広大なブルガリア公国を自らの影響下におこうとしたが、七月にはベルリン会議でベッサラビア南部とカフカスに獲得した領土は認められたものの、バルカンについての修正案、つまりブルガリアの面積が大きく縮小される点を呑まざるを得なかった。ベルリン会議を主宰した宰相ビスマルク（一八一五―九八）が代表するドイツ帝国に対して、ロシアは一層の警戒心を抱くようになった。

だが、ヨーロッパの列強の一員となったロシアは、一八世紀を通じて行なったバルト海東南岸地域の編入以来、これまで必要としてきたバルト・ドイツ人のヨーロッパとの橋渡しの役割を、一九世紀後半になるとそれほど必要としなくなったという点を指摘できるだろう。

第二の要因として、ロシアの社会・経済的状況からみてみよう。一九世紀に産業革命の波及で急速な発展を遂げていた西欧諸国に比べて、一九世紀前半のロシアの経済は、依然として農奴制に基盤をおいており、それゆえ、土地に縛られた農民が都市に働きに行くことはできなかった。産業の育成に必要な労働者を供給できないのである。したがって、一九世紀前半に帝国内では例外的に農奴解放が実施されていたバルト地方は、飛躍的な経済発展を享受することになる。

第三の要因は、一八世紀末から一九世紀前半にかけて、ヨーロッパの新しい思想の影響を受けたという点であろう。啓蒙専制君主といわれたエカチェリーナ二世をはじめ、啓蒙思想の影響を受けた貴族たちは、上からの改革に強い関心を示した。また、西欧で学ぶ貴族の子弟やナポレオン軍との戦いでフランスに進軍したロシア帝国軍の将校たちが、進んだフランス革命の精神と故国の社会、経済生活の改革を考えるようになったのも当然のことであったろう。ロシア帝国の近代国民国家としての発展が要請されるようになるのである。

ところで、キールやストラスブールで学んだクールラントのバルト・ドイツ人貴族ホーヴェンは、ミラボー（フランス革命当初に国民議会を指導した政治家）の知遇を得ている。ホーヴェンの甥は、ベルリン滞在中のミラボーの秘書として働き、その間にクールラントの状況を数多く報告している。そんなことからミラボーは、プロイセンの改革とともにそこに隣接するクールラントの改革についても関心をもったようである。プロイセンのケーニヒスベルク大学に近いクールラントには、西からの進んだ思想がたやすく流入していた。また、一七八九年七月一四日に始まったフランス革命が月末にはリーガのドイツ語新聞に報道されていることから、この地域と西欧との知的交流が盛んであったと推測される。

だが、この革命的機運も、ロシアへ亡命してきたフランス国王ルイ一六世の弟（後のルイ一八世）にミタウ（ラトヴィア語名ではヤルガヴァ）の城が提供されたことを考えてみると、バルト海東岸では時機尚早であったことがうかがえよう。

バルト海東岸地域の農民解放

このようなロシアを取り巻く状況を背景として、実際にどのような形で、バルト海東岸地域がロシア化へと進んでいったのだろうか？

その流れはもともとエカチェリーナ二世の統治時代から少しずつ始まっていたといってよいだろう。バルト・ドイツ人地主貴族に対して、彼らの所有する農民の地位改善を要求したエカチェリーナ二世は、帝国の安定を図るにはまだまだ彼らの能力、技術、知識等々を必要としていたため、要求を貫徹するにいたらなかった。また、エカチェリーナの側近に、バルト・ドイツ人が数多くいたこともあった。しかし、アレクサンドル一世は、農民の税の調整を図ろうとし、早くも一八〇七年に農奴制を廃止したプロイセンにならって、バルト・ドイツ人地主貴族によって練られた改革案にそって、バルト地方の農民の自由を宣言した。エストラントでは一八一六年、クールラントでは一八一七年、リヴラントでは一八一九年のことで、ロシア帝国内の他の地域に先駆けたものであった。バルト地方でもっとも遅くロシア帝国に併合されたクールラントは、プロイセン領に隣接していたので、プロイセンのユンカーがバルト・ドイツ人地主貴族のある種のモデルとなった。また、リヴラントやエストラントでは、地主貴族のランドターク地方議会によって改革案が提示されてきていたが、そのときに参考にしたのも、プロイセンのユンカー地主貴族であった。

この一八一〇年代にバルト海東岸地域で実施された農奴解放によって、農民が人格的には地主貴族の所有物ではなくなったが、その一方で農地に関しては、農民の使用しているものも含めてすべてが地主の財産であることが確認された。農奴解放とはいえ、「土地なしの解放」であったのである。アレクサンドル一世は、バルト地方の発展を、ロシアがそれに続くためのモデルとしてみていたのである。バルト地方の地主貴族にとって、きわめて有利な農奴解放であった。そして、これ以後、プロイセンのユンカー同様、バルト地方のバルト・ドイツ人地主貴族も、土地から解放された農民を雇用して資本主義的農業経営を行ない、経済的発展を遂げていくことになる。

ところで、ナポレオン軍のロシア侵入のさい、西部国境地域の防衛にあたったクールラントでは、アレクサンドル一世によって国境防備軍の創設のために一万二〇〇〇人の兵が要求されている。一八一二年にクールラントだけで、この戦争で負担した額は一五〇〇万ルーブリであり、建物破壊などの損害を考えると、経済的痛手はさらに大きかったと思われる。また、飢饉(一八〇七—〇八)やナポレオンの大陸封鎖の実行によって、穀物の最大の買い手であったイギリスとの取引が途絶え、それにともなう穀物価格の下落は、穀物取引に依存してきた地主貴族にとって経済的な危機を招いたのであるから、バルト海東岸地域の他に先駆けた改革は、必要に迫られて行なわれたものであったといえよう。そこで、改革案が地主貴族側から提示されたのも首肯できるだろう。

リトアニア人居住地域のロシア化

ロシア帝国編入以来の、ポーランド・リトアニア地域では、状況は異なる。地域エリートが帝国への忠誠を示してきたバルト海東岸地域と比べて、遅れて編入されたポーランド・リトアニア地域では、国家再興の悲願がロシア帝国への忠誠と抵抗という二つの形で示されていた。

リトアニアの地は、一八世紀の終わりには、ポーランド・リトアニアとして三回にわたる分割の体験を共有した。ポーランド分割とそれに続くナポレオン戦争の惨禍を経て、リトアニアの地では、これまでのポーランド化から次第にロシア化が進められるようになる。ロシアにとって、リトアニアは取るに足りないもので、ポーランドと同一視されていた。抵抗するポーランド人に対するロシア化政策の対象に、リトアニア人は取り込まれてしまったのである。

すでにリトアニアの言語や文化は消滅の危機にさらされていた。かつて中欧の大国を築いていたリトアニア人のアイデンティティは、ポーランドとの連合国家の歴史の中に埋没していたのである。というのも、リトアニア語を使用しているのは、農民と、リトアニア人居住地域の西部の、つまりポーランド分割によってプロイセンに編入された地域の微々たる貴族だけであったからである。

四　文化的発展

一九世紀末の一八九七年、九歳以上の人を対象にした識字率に関する統計によると、ロシア帝国全体では二七％であったのに対して、帝国内でもっとも高い識字率を示したのはエストリャント県の九五％、次いでリフリャント県の九三％、クールリャント県の八五％であった。この背景はどこにあるのだろうか？

いくつかの背景を考えることができるが、まずは一八世紀の後半に目を向けなければならないであろう。第一に、一八世紀にバルト海東南岸にも活発な運動を展開させたモラヴィア兄弟団の活動をあげることができる。宗教的活動を展開するモラヴィア兄弟団の活動は、現地の農民の生活に密着するものであった。たとえば、エストラントではその地方の言葉で一七一五年に新約聖書、一七三九年には旧約聖書が著され、これが後のエストニア語標準語の基礎となった。リヴラントでは、一七一一—一八〇〇年に五二三人の牧師が活動していたが、そのうち二七〇人は地域外からやってきた牧師であり、その大半は、ドイツ出身であった。モラヴィア兄弟団の活動の最盛期は、アレクサンドル一世の時代であった。

第二に、啓蒙専制君主として知られているエカチェリーナ二世が、エストラント、リヴラントのエストニア人やラトヴィア人に対して読み書きのできる教育をするように命じたことである。当初、読むことから教育が着手されたのであった。

第三に、啓蒙主義的思想の影響を受けたバルト・ドイツ人による現地住民への働きかけであろう。なかでも、一七九六年に『哲学の世紀末、特にリヴラントのラトヴィア人』を著した聖職者メルケルは強い影響を及ぼした。これは地主貴族の間に広まり、農奴の状態の緩和に一役買った。アレクサンドル一世もその読者であり、一八〇二年にはリヴラントに出向いている。野外民族博物館で筆者は、領地の子供に読み書きを教えたと思われる寺子屋のような納屋が保存されているのを見たことがある。

一九世紀初頭になると、バルト地域に広がった農業危機に直面した地主貴族は、その難局から抜けだすための方策に苦心した。自由主義的思想の持ち主であったアレクサンドル一世も農奴の解放を唱道し始めていた。それが、エストラント（一八一六年）とリヴラント（一八一九年）に対して認められた農奴解放であった。だが、農民は同時に、古くから耕してきた土地への権利も取り上げられてしまったのである。つまり、農民の状況が改善されたわけではなく、土地なし農民となるものが多く、いっそう惨めな状況に陥った。エストラントやリヴラントでの農奴の廃止は、リトアニアにも伝わったが、地方議会で議論することさえ禁じられた。

このような状況の中で、農民たちはまだ明確な民族としての意識を有していなかったが、次第に集団としての意識を獲得しつつあった。そこに強いインパクトを与えたのが、ヘルダー（一七七四―一八〇四）であった。彼は、一七六四年からの五年間リーガで過ごし、バルトの人々から多くの民族歌謡、伝説などの収集をした。バルトの人々は過去の歴史や民謡、伝えられた伝説に目をむけ、自分たちの言語に関心をもつようになっていった。

北のハイデルベルク、北のエルサレム

このような現地の農民の教育とは違う高等教育機関が、古くからこの地域にはあったこと

は注目される。スウェーデンのグスタフ二世アドルフは、ポーランドの支配を経てスウェーデン統治下になっていたドルパト（現タルト）に「アカデミア・グスタヴィアナ」（ドルパト大学）を一六三二年に設立した。このとき、彼は、三十年戦争のさなかニュルンベルク近郊の陣地にいた。この設立の目的の一つは、一六二九年にようやくスウェーデン領になったリヴラントと、ポーランド支配時代からイエズス会修道院のあった都市ドルパトにプロテスタントを根づかせるためであり、いま一つは、この地域の聖職者、役人、裁判官、教師、医師などを養成するためであった。スウェーデン領内では、ウプサラ（一四七六年）に次ぐものであった。町そのものは、すでに一〇三〇年には記録に現われており、東西、南北の交流の拠点でもあったところである。バルト海を囲む環バルト海地域では、一五世紀にロストック、グライフスヴァルト（両者とも現ドイツ）、一六世紀にケーニヒスベルク（当時ドイツ人の町、現ロシア領カリニングラード）に大学があっただけである。「アカデミア・グスタヴィアナ」に学籍簿登録した学生の数は、一〇六一名にものぼっている。

これは一六五六年にロシアの侵入によってタリンに移転後、一六六五年に閉鎖されたが、一六九〇年になって「アカデミア・カロリナ」として再開、ペルナウ（現エストニアのパルヌ）へ再び移転、北方戦争で一七一〇年活動を停止した。ドルパトを占領したロシアのピョートル一世は、降伏したドルパトにルター派の教授をおく大学の維持を一七一〇年に保証した。北方戦争後、復興計画は立てられたものの、実際に大学新設の許可が下りたのは一七九八年であり、ロシア皇帝アレクサンドル一世が、一八〇二年にドルパトに大学を再建した。開学の式典で、歴史家ペシュマン（一七六八―一八一二）は「西欧文化のロシアへの影響について」という題目で演説し、ドルパト大学を西欧文化の「経路」として位置づけている。まさに、アレクサンドル一世の視点であろう。このような文化交流について、後の歴史家ロートフェルス（一八九一―一九七六）もバルト地域を「文化の橋」と位置づけているが、彼はそれと同時に、遮断と接合という「二面性をもつ古くからの問題」ともみている。現在のバルト地域の位置づけを明確に示しているといえよう。

再開されたドルパト大学は、一九世紀に「北のハイデルベルク」とも呼ばれるようになり、著名な学者を輩出していく。

南のヴィリニュスは、リトアニアとポーランドとの連合以来、ユダヤ人が多く居住する町であったが、一五世紀末頃から「北のエルサレム」と呼ばれるようになっており、東欧ユダヤ人の学問、文化の中心となっていた。ユダヤ人はそこで、二〇世紀になるまで文化的な自治を享受していた。

もともとイエズス会の学校として一六世紀に起源をもつヴィリニュスの大学の歴史をひもとくと、ポーランド人の、ロシア人の、ドイツ人の、そしてリトアニア人の歴史がみえてくる。他の大学と同様、閉鎖や再開を経験しながら、一八世紀後半から一九世紀初頭にかけて、このヴィリニュス大学は次第に充実したものとなっていった。だが、ドルパト大学もヴィリニュス大学も、バルト海東南岸地域住民のためのものではなかった。彼らにとって、これら高等教育機関が意味をもつようになるのは一九世紀後半になってからのことである。地域の高等教育機関としてリーガに高等工業大学（ポリテクニック）が設立されるのは、ようやく一八六一年になってからであった。

第五章　民族覚醒と国家成立への道

一　バルト海東南岸地域の農民

一九世紀になると、バルト海東南岸地域の地域住民の生活は大きく変化した。それは、地主貴族と並ぶ新たな社会グループとして、小規模とはいえエストニア人、ラトヴィア人、リトアニア人の土地所有者が生まれ、市場へ参入し、政治的な要求をもつようになるという大きな社会的変革の時期であった。

第一次世界大戦前には、そこに大規模な地主と、自営農民から小農までの農民という二つの集団を見出すことができた。そして二つの集団は、異なる民族的集団で構成されていた。

特に東岸地域では、人口のわずか六％程度が「ドイツ人」であったので、人々は「非ドイツ人」という程度の認識しかなかった。それが今や、支配民族、被支配民族という認識へと変化し、民族的自覚の土台となった。まず農奴解放と、資本主義的発展に特徴的な一九世紀のバルト海東岸地域の農業改革からみてみよう。

農奴解放と農業改革

一八世紀以来、ヨーロッパ市場の後背地として発展してきたバルト海東岸地域では、商品作物の生産や蒸留酒製造と多角的農場経営をとりいれるバルト・ドイツ人地主貴族が現われてきた。

農場経営がこれまでの穀物依存から多様な生産へと大きく変化していくなか、農民の負担は大きく、その生活は悲惨を極めたようである。バルト・ドイツ人聖職者メルケルは、一七九六年に著した書物の中で、ラトヴィア人農奴の惨めな生活に注意を払っている。一八世紀後半から一九世紀前半にかけて、エストラントでは領地で収穫された穀物の八割、ときに九割五分が、またリヴラントでは四割から八割が、地主貴族のものとなっていたようである。

ロシア皇帝エカチェリーナ二世は、農民の地位改善をバルト・ドイツ人地主貴族に求めていたが、彼女の孫のアレクサンドル一世はさらにそれを進め、農民の税の調整を図ろうとした。

統治者と地域のエリートとの妥協の産物として、この地域の農奴制が帝国内の他地域に先駆けて一八一〇年代に廃止されたことは、前章でも述べたとおりである。しかし、この法令では、農民の使用している農地も含めてすべてが、地主の財産であることが確認された。農奴の地位から自由になったとはいえ、農民は、農地を借りてこれまでどおりの賦役を負うか、農場を去るかを迫られ、それに反乱で応えた農民も多かった。このため、再びプロイセンにならい、農民は地主が提示した価格ではあるが、農地の永年所有権の購入が可能となった（リヴラント一八四九年、エストラント一八五八年）。一八六〇年代から一八七〇年代になると、エストニア人、ラトヴィア人農民の中には土地を購入して自営農民となるものも現われ始めたが、政府からの支援はなく、その進展はきわめて遅かった。

だが、ここで土地をもたない農民が新しい社会グループを構成していくことに注目しなければならない。一九世紀末に、エストラント、リヴラント、クールラントでは、農民の半数以上が、土地を所有しない農業労働者となっていた。一八六三年には農民は移動の自由を獲得し、土地を所有できない農民が都市へと移り住む流れが一九世紀後半に始まり、それは都市の社会構造をも変えていくことになる。

ところで、一八二〇年代に東ヨーロッパ全域に広がった農業危機は、バルト海東岸地域にも及んだ。市場向けに生産されていた穀物や蒸留酒の価格の下落である。このため、農業の合理化、進んだ設備や農機具の導入、蒸留酒の材料に安価なジャガイモを利用するなどの工夫が、多くの地主貴族によって試みられた。ジャガイモがバルト海東岸地方にオランダから移入されたのは一七世紀のことであるが、一九世紀になると盛んに栽培されるようになっていた。一九世紀の前半までは、主に西欧からの輸入に頼っていた農機具も、一九世紀後半になると、地域内での生産が可能となっており、ロシア帝国内の他地域と比べてかなり進んだ技術、機械が使用されていた。輪作が普及していくのも、一九世紀後半であった。

バルト海東岸地域の蒸留酒製造の発展はロシア市場での競争を激化させ、小規模な酒造所は大規模なそれに吸収されていった。このため新たな収入源を求めねばならず、市場向け商品として奨励されたのが、家畜の繁殖と乳製品であった。バルト海東岸地域は、二〇世紀初めには、乳製品の輸出地域となっていた。

一方で、ヴィルナ、コヴノ、グロドノ、スワァキの四県にまたがっていたロシア帝国下のリトアニアの地域(西部はプロイセン領)は、農奴解放ということでは北のエストリャント、リフリャント、クールリャント諸県と比べると遅く、一八六一年になってからであった。この地域では、農地を所有するのはポーランド人(あるいはポーランド化したリトアニア人)のマグナート(大領主)とシュラフタ(小貴族)であった。

リトアニア地方の農奴解放は一八一六年に貴族から提案されたことがあるが、アレクサンドル一世によって禁止されている。アレクサンドル二世によって農奴制廃止に向けての改革議論が始められるなか、リトアニア人貴族が提示した改革は、バルト・ドイツ人貴族の例にならって土地なしの解放を行なおうとするものであった。だが、ここでは、一八六一年にロシア全体の改革原則が適用されていった。リトアニア人農民は、土地を没収されることなく、法によって示された価格で購入することができた。特に、一八六三―六四年のロシア帝国からの解放を求める大規模なポーランド人、リトアニア人の蜂起後、蜂起の指導者となっていた地主の地位の弱体化を望んだロシア政府は、ここに新規則を導入し、農民はロシアの他の地方に比べてかなり低価格で農地の購入が可能となった。農民は四九年間支払いの国家

ロシア帝国時代のバルト海東南岸地域（19世紀中頃）

クレジットを得た。価格を完全に国家の管理下におくために多くの役人が配置された。一八七〇年代には、ヴィルナ県で農地の九割が、コヴノ県で農地の五割が、農民によって購入されるまでになっていた。一九〇四年に、リトアニア人の農民によって最初の農業協同組合が設立されたことは、注目に値するだろう。

ここで地主が手がけていった商品作物は、亜麻や砂糖である。リトアニアの亜麻は、バルト海貿易の拠点の一つリーガに送られるとともに、西のプロイセンの市場にも送られた。砂糖製造は、一八六〇年には地主による砂糖製造株式会社を設立するほどであった。

だが、一九世紀後半になると穀物輸出はロシア南部地域との競争に勝てず、一八八〇年代には、収穫した穀物のわずか八%しか輸出していない。そこで、エストリャント、リフリャント、クールリャント諸県でみられたように、新たに家畜の繁殖や乳製品の生産に着手するようになった。地方でのこのようなダイナミックな変革の背景は、どこにあるのだろうか？それは商業や産業の変化と、都市の発展の中に答えを見出すことができるだろう。

二　都市の発展と変容

バルト地域の経済的発展は、バルト海を取り巻く多くの国々との関係を抜きにしては語ることができない。

バルト海を通じての通商は、これまでハンザ商人が独占していたが、その地位は、一六世紀頃から海外に進出し始めたオランダ商人に取って代わられた。しかし、一八世紀末には、バルト海の通商で新たに重要な役割を果たすようになったのはイギリス商人であった。中継貿易港としてバルト海東南岸地域の諸港は重要であったが、なかでもリーガは、一九世紀初めには全ロシア帝国内の海外貿易の一～二割を扱っていた。ただ扱う商品は、輸出では穀物から木材、亜麻へと移っていった。リーガを経由する主要な商品の中にロシアへ輸入される石炭があったが、それは全体の三分の二にも達していた。

リーガはその後もロシア帝国内でも有数の都市として発展し、一九世紀後半には、輸出を扱う港としてロシア帝国内第二の地位にあった。これは、一八六〇―七〇年代に帝国内で整備されていった鉄道網によって、リーガはモスクワ、サンクト・ペテルブルク、タリン、さらにはリトアニアを経由してワルシャワ等々と、ロシアの主要都市とも結ばれたからである。さらに一八九〇年代までには、バルト海東南岸地域の地方とロシアの中心が結ばれていった。こうして、リーガ、タリン、ナルヴァは、ロシアの市場と鉄道で結ばれることで、一九世紀末までにはロシア帝国内でも重要な産業の中心地として成長した。なかでもタリンは海軍造船所をもち、第一次世界大戦直前、ロシア海軍の中心地の一つになっていた。また、日露戦争で日本海軍と戦ったバルチック艦隊がバルト海東岸のリァパーヤ（リバウ）から出撃したことはよく知られている。

このような都市の発展は、地方から都市へ流入する人々によって支えられた。農業改革によって多数生まれた土地をもたない農業労働者は、移動の自由を得ることで、都市へ移り住むようになっていたのである。広大なロシア帝国という国内市場をもつバルト海東岸地域は、帝国の西のヨーロッパへの窓口でもあったので、一九世紀半ば以降、外国やロシア内部から運ばれた原料を利用する工場の建設には、外国の資本も投入されていった。こうしてリーガの人口は一八六三年に七万七五〇〇人であったのが、三四年後の一八九七年には二八万二〇〇〇人と三倍以上になっており、その他の諸都市でも人口の急増がみられた。

労働者の数も、リーガでは、一八六四年からわずか一〇年の間に五七七二人から一万一七七五人（工場数で九〇から一四一に増加）と倍増している。また人口の流動をリーガのある地区の工場労働者についてみると、ラトヴィア人七六〇〇人、リトアニア人とポーランド人三七〇〇人、ロシア人二五〇〇人、ドイツ人四〇〇人、エストニア人三〇〇人と、さまざまの地域からの労働者がいたという。このような数字が教えてくれることは、都市近郊からだけでなく、地方からも都市へと人々が移動してきていることである。

三　民族的意識の覚醒と文化社会の発展

一九世紀に東ヨーロッパで展開された民族主義の動きは、バルト海東南岸地域においても例外ではなかった。

バルト海東岸では一八世紀後半には、第四章でも触れたように、民族の文化の重要性の強調や初等教育の普及から、民族的な意識の萌芽はエストニア人、ラトヴィア人の間に育ちつつあった。ところが、リトアニア人やラトガレ（ポーランド語名インフランティ。かつてのリヴォニア騎士団領のうち、ポーランド領となった地域）のラトヴィア人が民族的覚醒の時期を迎えるのは、それよりかなり遅れた。というのも、ポーランド分割でロシア帝国に編入されるまで、彼らはポーランド・リトアニアの連合国家内にあって、歴史、宗教、文化的伝統などの異なる背景の中にいたからである。

民族覚醒

まず、バルト海東岸地域の民族覚醒についてみてみよう。一九世紀に東ヨーロッパ地域に広がった民族意識を特徴づけるものとして強調されるのが、共通の言語である。エストラント、リヴラント、クールラントのエストニア人、ラトヴィア人に民族的意識の覚醒を促したものは、一八世紀後半からの教育活動とバルト・ドイツ人地主貴族の存在であった。ルター派の牧師などが先頭になって行なった地域の教育活動は、農民の読み書きにとどまらず、教会での合唱のための音楽教育などにも及ぶ広範なものであり、一九世紀末のこの地域の識字率の高さや民族規模の大合唱祭の下地をつくっていった。おそらくこの理由から、後に都市よりも地方の識字率のほうが高いという結果になるのであろう。

いま一つのバルト・ドイツ人地主貴族の存在は、支配者に対する被支配者という共通の意識につながった。だが、ここで注目したいのは、バルト・ドイツ人地主貴族のエストニア人、ラトヴィア人に対する教育への関心である。バルト海東岸地域がロシア帝国に編入され、帝国内での地歩を固めつつあるバルト・ドイツ人にとって、自らの地位を維持するためには、現地農民を味方にひきつけておく必要があった。バルト・ドイツ人地主貴族の中には、啓蒙思想やフランス革命の影響を受けた自由主義思想をもち、改革の実行に意欲をみせるものもいた。彼らの意図が、あくまで彼らの地位の維持と保身にあったから、一九世紀後半にロシア政府は、バルト・ドイツ人の台頭を抑制するために、彼らに対する憎悪を促すようなロシア化政策に着手することになった。

バルト海東岸地域で進められた厳しいロシア化政策は、現地住民とバルト・ドイツ人とを分断するための政策とも受け止めることができる。したがって一九世紀半ばにエストニア人、ラトヴィア人が民族主義運動を展開していくとき、この運動はある程度許容されていたのではないだろうか？　つまり、現地でのバルト・ドイツ人とロシア政府との間の実質的な主導権争いのため、くすぶり始めた民族主義運動の炎をすぐさま力によって鎮火しようとはせず、運動が文化的なものである限り、ある程度黙認されていたということである。主導権争いにロシア政府が勝利していくと、バルト・ドイツ人の中には、ロシア帝国政府内で一層の活躍の場を見出そうとするものが現われる一方で、一八七一年に国家統一を成し遂げたドイツ帝国との結びつきに関心をもち、ドイツ政府に働きかけることでロシア政府と対抗しようとするものも現われてきた。この主導権争いの中で、現地民族の民族運動が展開されていったといえよう。

ラトヴィア人の居住地域の中で民族運動の例外は、第一次のポーランド分割（一七七二年）でロシア帝国に編入されたラトガレである。一九世紀後半に用いられるようになったラトヴィアという名称はこのラトガレに由来するといわれるものの、帝国編入後も、ラトガレは独自の行政単位を構成することもなく、他の地域のラトヴィア語を話す人々と歴史、宗教、文化などを異にし、地域外の人々との交流もなかった。彼らの民族的意識は混乱しており、民族覚醒の時期を迎えるのは一八九〇年代になってからである。一八八九年のラトヴィア語の雑誌に出た旅行記「ポーランド領リヴォニアのラトヴィア人」という記事の中で、ポーランド語を一言も話さないラトガレの農民が、自分はカトリック教徒だからポーランド人であると答えたことや、ラトヴィア人はリーガ近くに住む人々であって、自分たちは違うと答えるとともに、彼らのアイデンティティはカトリック教徒にあることが記されている。地域の名称として「ラトガレ」が印刷物の中に見出されるのは、ようやく一九〇四年になってからという状況にあった。

一方、リトアニア人地域では、どのような特徴がみられるのだろうか？　リトアニア人は長期にわたるポーランドとの同君連合から、事実上ポーランド国家の一部として存在してきたので、民族的意識もポーランド人のそれと混在していた。そして地主貴族がポーランド人やポーランド化したリトアニア人、ロシア人であったことは、ラトガレのラトヴィア人と同様であった。

リトアニア人の事情をいっそう複雑にしたのはポーランド分割で、ロシア帝国に編入されたリトアニア人の地域が、ナポレオン戦争によるヨーロッパ列強の複雑な駆け引きの場となったことである。

たとえば、すでに触れたように、現ポーランドの西部スワゥキ（リトアニア語でスヴァウキヤ）の地域は複雑であった。第三次ポーランド分割でプロイセンに割譲され、さらにナポレオンによってつくられたワルシャワ公国に編入され、一八一五年のウィーン会議後はポーランド会議王国のもとにおかれたのだった。ここではナポレオン法典が導入され、農民は移動の自由を得て、後にこの地域から民族主義的運動の指導者になっていく人々が多く生まれた。しかし、その他のリトアニア人居住地域では、ロシアと同様の社会的解放を待たなければならなかった。

民族主義運動

エストニアでは、言語も近く、同じロシア帝国支配下にあった近隣のフィンランドの影響は大きい。フィンランドの民族的叙事詩『カレワラ』にあたるエストニア人の『カレヴィポエグ（カレヴの息子）』がクロイツヴァルトによって編集されたのは、一八五七年から一八六一年にかけてのことであった。これは、エストニア人の民族覚醒に大きな影響を与え、ここから南エストニア方言を基盤としたエストニア語の文語がつくり出されていった。民族文化の方面では、フォークロアの収集や伝統的な歌謡の収集によって民族意識が掘り起こされ、各地に合唱団も生まれていった。一八六九年からは民族的規模の合唱祭が開催されるようになり、各地から民族衣装を身に着けた合唱団がタリンに集い歌うという大規模なものに発展していった。この合唱祭は、およそ一二〇年の後のソ連時代の末期、タリンの野外音楽堂に会した民衆が民族の将来を議論しながら歌った歌声へとつながっていくのである。

ドルパト（タルト）大学は多くの著名な学者を輩出したが、一九世紀前半はドイツ語と一部ラテン語で教育が行なわれ、教員も学生もほとんどがバルト海東岸地域のバルト・ドイツ人であった。一八八四年になると、ドルパト大学はロシア政府の中央集権化の対象となり、ロシア語で教育が行なわれ、大学名もロシア語のユリエフ大学に改称された。現地民族の子弟がユリエフ大学で学ぶようになるのは多くの場合二〇世紀になってからであることから、この高等教育機関がエストニア人の民族主義的感情に与えた貢献度は低いように思う。

ラトヴィアでは、一九世紀後半にラトヴィア語を話す人々の住む地域を「ラトヴィア」と呼ぼうという考えが生まれてきている。これは、これまで一つの政治的単位としてまとまったことのないラトヴィア人の居住地域を、共通の概念で捉えようとする動きにほかならない。ラトヴィア語の文語化が進められ、またエストニアにならって一八七三年には、民族的歌謡祭が始まった。民族感情を呼び起こすものとして、中世のドイツ人の侵略に対するラトヴィア人の抵抗と戦いを取り上げた叙事詩『ラーチプレーシス（熊を裂く人）』が、ロシア帝国軍医であったラトヴィア人プンプルスによって創作された。バーロンスの収集した民族歌謡集『ダイナス』も忘れてはならない。

リトアニアは、長期にわたるポーランドとの同君連合から、事実上ポーランド国家の一部となり、民族的意識もポーランド人のそれと混在していた。ヴィリニュス大学もポーランド愛国主義の中心を占めていた。ポーランド人の愛国詩人として知られるミツケーヴィッチは、ベラルーシのノヴォグロデク（中世リトアニア領）の出身で、ヴィリニュス大学で学んだ後、カウナスで教師をしている。彼は、リトアニアを故郷と考えていた。ヴィリニュス地域の住民の中には、このような独特のアイデンティティをもつものも少なくなかった。一八三〇年と一八六三年のロシア帝国に対するポーランド人の大規模な蜂起にはリトアニア人も多く参加し、それが厳しいロシア化政策としてリトアニア人にも跳ね返ってきた。カトリックを信仰するポーランド人とリトアニア人とを区別する唯一のものは、リトアニア人農民が保持していたリトアニア語だけであった。ポーランド人の蜂起後、ロシア帝国政府はリトアニア人に対して、ポーランド人から隔離する政策を取り始めた。こうして一八八〇年代になって、ようやくリトアニア人は独自のアイデンティティをもつ民族主義運動に取り組むようになる。

ここで注目しておかなければならないのは、一九世紀末のロシア帝国下のリトアニア人の生活状況がきわめて厳しかったことである。そのため数字の上ではロシア人やポーランド人として扱われているアメリカ移民の中に、実際は数万人にも及ぶリトアニア人が含まれている。彼らはアメリカで一八七九年に最初のリトアニア語新聞を発行した。ロシア帝国内での最初のリトアニア語月刊誌『アウシュラ（夜明け）』の発行はそれより遅く、一八八三年のことである。これは、ブルガリアで民族主義運動を体験したバサナヴィチウスが編集し、プロイセンで印刷され、秘密裡にロシア帝国にもち込まれたものであるが、リトアニア人の文化や歴史を紹介するものであった。また、アメリカやドイツで出版されたリトアニア語の書物や雑誌がリトアニアにひそかにもち込まれ、広く流布されるようになっていった。ポーランドと同君連合以前の独立したリトアニア人の国家の再発見は、リトアニア人の民族感情に強く訴えるのに十分なものであった。

四　民族主義運動と社会主義運動

一九世紀末から二〇世紀初頭のバルト海東岸地域の社会の変化は、産業の急速な発展と住民の都市への集中によって特徴づけられる。それとともに、これまで都市の住民の多くがバルト・ドイツ人、ロシア人、ポーランド人、ユダヤ人であったのが、地方住民の割合が急増していったことにも注意を払う必要があるだろう。

都市化と産業化

たとえば、ロシア帝国の六大都市の一つとなっていたリーガでは、住民のうちラトヴィア人は一八六七年には二三・六％にすぎなかったが、一八九七年にはほぼ四五％に達していた。これに対して、これまでリーガでもっとも影響力をもっていたバルト・ドイツ人は、一八六七年には四三％を占めていたのが、一八九七年になると、わずか一六％に激減した。この理由は、地方から年々多くのラトヴィア人農民がリーガにやってきて、都市住民になっていったからである。リーガは、彼らを吸収するのに十分な多くの産業が発展しており、総人口も急増していた。この現象は第一次世界大戦まで続き、一八九七年に町の人口は二八万二〇〇〇人であったのが、一九一三年には倍近い五一万七〇〇〇人となっている。

同じような現象は、エストニア人の居住地域でもみられた。都市化が進んだのは、タリンやタルト、それに続いて、ナルヴァやパルヌであった。このような状況は、バルト地域でも東岸地域の経済的発展を促すとともに、そこに住むエストニア人、ラトヴィア人の生活を大きく変えていった。

一九世紀の終わりまでには、対外貿易の拠点の役割を担うバルト海東岸の主要な港町が、ロシア内部と鉄道で結ばれ、その経済発展に貢献すると同時に、東岸地域のエストリャント、リフリャント、クールリャントのバルト諸県は、ロシア経済に完全に組み込まれていった。

こうしてエストニア人、ラトヴィア人は、地方では土地所有者と土地なし農民に、都市ではブルジョアジーと労働者に二分化されていった。

一方、リトアニア人の居住地域では、総人口は一九世紀末には二七〇万人に達していたが、都市はエストニア人、ラトヴィア人の居住地域と異なり、あまり発展していなかった。中心都市ヴィリニュスは、人口だけをみると約二〇万人を抱えていたが、その住民はユダヤ人が四〇%、ポーランド人が三一%と大多数を占め、リトアニア人はわずかに二・一%を数えるにすぎなかった（一八九七年）。カウナスでも、リトアニア人はわずか六・六%であった。リトアニア人の圧倒的多数は、依然として地方で農業に従事していたのである。

このような違いは、どこからきたのであろうか？　その理由として考えられることは、バルト海に面した良港をもつエストニア人、ラトヴィア人の住む東岸地域が、早くからロシア帝国内の重要な産業拠点になっていたこと、地方では、前に触れたように一九世紀前半に農奴解放が実施され、早くから農民に移動の自由があったことである。

それに対して、リトアニア人の居住していたロシア帝国内のヴィルナ、コヴノ、グロドノ、スワゥキ諸県では、農奴解放が実施されたのは一八六一年で、農民が移動の自由を獲得するのが遅かったこと、また、リトアニア人の地域では、農奴解放後、農民が土地を獲得するのが比較的容易であったため、エストニア人やラトヴィア人のように、生活のために都市へ移動する必要が少なかったことである。さらに、生活が苦しかったことから、リトアニア人はアメリカをはじめとする国外へと移民の道をとったことである。

民族主義運動と社会主義運動

一九世紀の中頃から始まっていたエストニア人、ラトヴィア人、リトアニア人の民族主義運動は、一八八一年に始まる厳しいロシア化政策でかなり制限されたものとなっていた。だが、自分たちは言語的に支配者と異なるという意識が民族覚醒によって生まれたことは、支配民族と被支配民族という対立構造を明らかにした。これは、一九世紀末にドイツより入ってきた社会主義の考え、支配階級と被支配階級の階層対立と重なるものであった。労働者あるいは農民にとって、民族的意識を被支配階級の意識と読み替えることは容易であった。地域の住民の中には、確かに土地を所有したり、都市ブルジョアジーになったりするものも現われていたが、旧来の支配層が相変わらず政治的影響力を独占していたので、彼らが政治的な発言権を握るにはまだ程遠いのが実情であった。したがって政治的な発言を求めるものが社会主義思想に魅力を感じるのは自然なことであった。

奇妙なことに、都市のプロレタリアートを構成する労働者がほとんどいないリトアニア人の間で、バルト地域では最初の社会主義政党（リトアニア社会民主労働党、一八九六年）がヴィリニュスで生まれている。その理由は、リトアニア人はポーランド人、ロシア人、ユダヤ人らと同じ居住地域に生活していたので、彼らの活動がロシア帝国内のポーランド人、ロシア人労働者と連帯する機会が多かったからである。一九〇二年にはリトアニア民主党、一九〇五年にはリトアニア・キリスト教民主同盟を結成した。

産業が発展し、もっとも労働者数の多かったラトヴィア人の間では、一八八六年に新聞『ディァナス・ラパ（毎日新聞）』が発行されるようになり、ここに社会主義思想が現われていた。リーガやリァパーヤでストライキが発生するようになったが、一八九七年には新聞関係者が、左翼学生グループとともに逮捕され投獄されるという事件が起きた。このため、一部の活動家は、この地域から追放されてしまった。チューリッヒに逃れたグループが中心になって一九〇四年にラトヴィア社会民主労働党が設立された。

エストニア人の間では、一八九〇年代にはエストニア語の日刊新聞が発行されるようになり、知識人の声がそこに現われるようになった。エストニア人知識人が強い関心をもっていたのが、初等・中等学校でエストニア語による授業を行なうことで、これはまさに民族主義者の主張であった。より社会的・政治的要求が新聞紙上にみられるようになるのは二〇世紀の初頭になってからのことで、『ウーディセド（ニュース）』や『テアタヤ（使者、ヘラルド）』などがあった。都市のエストニア人労働者や急進派の活動はロシア社会民主労働党に同調し、タリンは重要なメンシェヴィキの拠点となっていった。

第六章　三つの独立国家の誕生

一　革命と第一次世界大戦

二〇世紀初頭、一九〇五年と一九一七年にロシア帝国で起きた革命は、バルト海東南岸地域に波及し、この地域の社会状況を大きく変化させていくことになる。これを準備したのが一九世紀後半であった。

すでに前章で述べたように、一九世紀にこの地域で実施された農業改革は農奴を解放したが、しかしながら、それは必ずしも農民たちの社会環境の向上につながるものではなかった。エストラント、リヴラント、クールラントでは、人口のわずか二%に満たないバルト・ドイツ人地主貴族の所有する領地の耕作地が、全体の六割から七割を占めていた。農奴解放によって耕作する土地を失った農民の中には、生活の糧を求めて都市へ移り住み、労働者となるものも多かった。たとえばリーガの人口をみると、一八七一年に一〇万三〇〇〇人であったのが、世紀末の一八九七年には二八万二〇〇〇人、さらに、第一次世界大戦勃発直前の一九一三年には五一万七〇〇〇人と、わずか四〇年ほどの間に五倍に急増している。このように一九世紀後半からエストラント、リヴラント、クールラントでは、地方から都市への住民の移動がみられる一方、リトアニアではロシア化政策や困窮した生活から逃れて、ポーランド人とともに北米へ移民するリトアニア人の集団をつくり出した。

一九世紀後半に民族主義運動を展開させたエストニア人やラトヴィア人が、ロシア帝国内の他の諸民族と異なる点を、ここであげておく必要があるだろう。それは識字率の高さである。一八九七年の国勢調査によると、バルト諸県を除くロシア全体の平均がおよそ三割であるのに対して、リフリャント県では九二%、エストリャント県では九五%ときわめて高い。これは前述のように、当地域でのルター派の普及が現地住民の言葉によって進められたことを背景としている。

ラトヴィア人の間では、一八九〇年代に「新思潮（ヤーナ・ストラーヴァ）」と呼ばれる人々がストライキや労働作業中止を働きかけたり、現地語による日刊新聞を発行するようになっていた。エストニアでは一八九一年に、大学町タルトで、『ポスティメース（新報）』と呼ばれるエストニア語で最初の日刊新聞が発行されるようになったが、これは現在も発行されているエストニアの有力新聞の一つである。また、ロシア社会民主労働党の活動とつながる社会主義政党がリトアニア人、ラトヴィア人、エストニア人の間で結成されていた（リトアニア社会民主労働党一八九六年、ラトヴィア社会民主労働党一九〇四年、エストニア社会民主労働党一九〇五年）。これら地域にマルクス主義思想がもち込まれてきたのもドイツ人によってであった。

特にマルクス主義思想の影響がより強くみられたのは、産業化が進んでいたラトヴィア人の間であった。一八八六年からリーガで発行されていたラトヴィア語の日刊新聞『ディァナス・ラパ（毎日新聞）』（一八九三年からは新思潮支持者の機関紙）などには、すでにその傾向がみられる。一九世紀後半にはこれ以外にも相当数の新聞や雑誌がラトヴィア語で発行されていたということは、これらを購読するかなりのラトヴィア人がいたということの証左であろう。

一九〇五年革命

バルト海東岸にある軍港リァパーヤを出港したロシアのバルチック艦隊が日本海の対馬《つしま》沖

で日本海軍と闘った一九〇五年の初頭、サンクト・ペテルブルクで起きた「血の日曜日事件」に端を発した革命は、リーガをはじめとする都市に波及していった。

バルト海東岸で生じた一九〇五年革命は「地方の革命」であったが、後の一九一七年の革命は「都市の革命」といえるかもしれない。一九〇五年の革命の主役は農民であり、彼らが革命の目標としたのは、バルト・ドイツ人地主貴族であった。この革命の波は、主にエストニア人、ラトヴィア人の居住地域、かつてのリヴォニア（エストラント、リヴラント、クールラント）に広がっていった。言い換えれば、一九世紀前半の農奴解放に始まる農民改革によってつくり出された地域の秩序と、それによって生じた一九世紀後半の社会状況の急激な変化の中で模索され始めた新たな秩序との間に生じた矛盾が、ここに噴出したといえるだろう。襲われ焼き払われた領主の邸宅は一八四、殺害されたドイツ人（地主と聖職者）は八二人といわれている。これに関係したとして処刑されたエストニア人、ラトヴィア人の数は九〇八人、シベリアに追放された者は数千人に及んだ。

地方でのこのような反乱が都市へ波及しないわけがない。タリン、タルト、パルヌ、リーガなどの大きな都市では、労働者によるストライキやデモが発生した。エストニア人、ラトヴィア人の都市での増加が、このようなデモやストライキに参加する労働者を多数生み出していたのである。かつては都市の住民の多くがドイツ人やユダヤ人であったのに対して、現地民族の人口比が増加していった時期であった。リーガでは改革主義者たちがグループをつくり、さまざまな新聞を発行した。その中には、後のラトヴィア大統領となったチャクステ（一八五九―一九二七）や、詩人としても有名なライニス（一八六五―一九二九）、この地でレーニンと一緒に闘ったストゥチカ（一八六五―一九三二）らがいた。エストラントでは、タリンが社会主義者による扇動の中心地であり、後のソヴィエト最高会議議長（全ロシア中央執行委員会議長）でソ連の元首となったカリーニン（一八七五―一九四六）もその中にいた。

バルト海東岸地域での革命は、サンクト・ペテルブルクでの革命とは異なる次元の革命ということができるかもしれない。バルト海東岸の農村では、地主と土地をもたない農民や日雇い農民との対立という構造であったが、これはまた同時に、バルト・ドイツ人対現地民族住民の構造と重なるものであった。この対立構造が原因となって、この後バルト・ドイツ人地主貴族はドイツ人農民の入植を求めるようになるのである。

ロシア帝国政府は、一九世紀中頃から沿バルト諸県（エストリャント県、リフリャント県、クールリャント県）に再編されたバルト海東岸地域でのバルト・ドイツ人支配を崩すことを目指してロシア化政策を導入していたが、革命後は現地住民対策の観点から再びバルト・ドイツ人との関係を立て直していくことになる。大きな社会構造の変化の胎動の中で、およそ七世紀にもわたって上層階級の地位を占めてきたのが今や脅かされそうになったバルト・ドイツ人の中には、彼らの絆をロシア帝国との間に求めるものがいる一方で、ドイツ帝国にその将来を託そうとするものがいるといった、東西二方向への傾向が強く示されていった。

一方、リトアニア人居住地域はどのような状況であったのだろうか？　ここでは、サンクト・ペテルブルクの革命の影響はほとんどみられない。その理由の一つは、エストニア、ラトヴィアで蜂起の目標となったバルト・ドイツ人の地主貴族がこの地域にはほとんどおらず、領主の大半はポーランド人であったことである。農奴解放後、農民は土地購入がエストニア、ラトヴィアと比べて比較的容易であったことから、地主に対する強烈な反感が他の地域ほどみられなかった。いま一つの理由は、リトアニア人居住地域では産業化が他の地域より遅れ、都市に移り住んできた現地民族の住民の生活が、いまだ日が浅く定着していなかったことである。一八九七年の人口調査で、リトアニア人居住地域でのリトアニア人の割合は五八・三％（コヴノ県、スワゥキ県の五地域、ヴィルナ県）であったが、そのうちの九三％が農民で、都市の住民はわずか四％にすぎなかった。リトアニア人の地主は三％であった。ヴィルナの住民のわずか二・一％が、コヴノでも六・六％が民族的なリトアニア人にすぎなかった。

リトアニアでの動きは、ロシアやバルト海東岸三地方で起きた革命の単なる影響とはいえず、独自の特徴をもっていた。リトアニア人の民族主義グループの運動は、カトリック教会と密接に結びついていたので、ロシアに対する怒りは、その象徴としてのロシア正教会に向けられたのであった。

バルト海東岸地域での騒乱は一九〇八年頃まで続いたが、革命は成功するにはいたらなかった。そのかわりに、バルト諸民族の自立への動きが始まったといってもよいかもしれない。それは、一つは民族主義者や社会主義者を地域外に亡命させて温存したこと、いま一つは、ロシア帝国内での政治参加を可能にしたことである。

政治的参加

亡命を強いられた多くの指導者たちは、国外での生活によって、外国の活動家との接触の機会を得、自らの思想を発展させる機会を得ていた。その一人、後のラトヴィア共和国初代首相となったK・ウルマニス(一八七七—一九四二)は一九〇五年に逮捕されたが、一九〇七—一三年の間、アメリカへ亡命していた。後のエストニア大統領パッツ(一八七四—一九六五)も、革命参加後スイスへと亡命している。

ロシア帝国内での地域の政治的参加はどのようなものであったか? 革命後、ロシア帝国で初めて設置された帝国ドゥーマ(帝国議会)の設置によって、バルト地域の諸民族の政治家は、たとえ制限的なものであったにせよ、民族の代表として立法に関与する機会を得ることができた。一九〇七年に変更された選挙制度では、社会階級による不平等が明らかであった。この制度では、農民は三万人に一人、労働者は九万人に一人、これに対して都市住民は七〇〇〇人に一人、地主は二〇〇〇人に一人を選ぶというものであった。この結果、第一期、第二期ドゥーマでは、エストニア人、ラトヴィア人はともに、五人の代表を送り、第三期ではラトヴィア人は四人、エストニア人は二人、第四期(一九〇七―一七)はラトヴィア人、エストニア人ともに二人の代表をドゥーマに送った。

それに対してリトアニア人は、都市でポーランド人とともに多数派を占めるユダヤ人との選挙同盟によって、第一期、第二期ドゥーマでユダヤ人一名と六人のリトアニア人の代表を送ることに成功した。第三期、第四期でもなおユダヤ人一人を含む四人を送り出している。ただし、リトアニア人のドゥーマへの代表すべてが、コヴノとスワゥキの出身であった。というのも、ヴィルナの住民は主にポーランド人、ベラルーシ人、ユダヤ人で、リトアニア人はわずかであったからである。代表としてドゥーマに参加した中には、後にラトヴィア初代大統領となったチャクステやエストニア首相となったトニッソン(一八六八―一九四一)らがいた。彼らは、ドゥーマで自治の要求を達成することはできなかったが、議会活動の経験はそれからずっと後に大きく役立ったといえよう。

バルト地域の諸民族間の連携はどうであったのか? ドゥーマでの議員の間の接触は、非公式ながらも行なわれていた。彼らは社会的要求に加えて民族の自治を獲得しようと努めたが、国家的独立はまだ大衆の視野には入っていなかったようである。

バルト海東南岸地域の国家的独立構想

では、国家的独立の構想はいつ頃から具体的になってきたのだろうか？

第一次世界大戦末、バルト海東南岸地域を取り巻いていた二つの帝国、ロシア帝国は革命により、ドイツ帝国は敗戦により崩壊した。バルト地域はこれまでの秩序を失い、力の真空地帯が生じた。その真空地帯に力と新たな秩序を構築しようとしたのが、地域外勢力と地域内勢力であった。

地域内勢力は、すでに述べたようにまだ未熟であり、地域外勢力との結びつきを背景にして、地域での力の確立に努めたのがこの時代であった。だが、そこに住む住民にとっては過酷な時代であったとともに、新しい社会に向けての模索の時期ともなった。一九一四年に第一次世界大戦が始まったときには、国家的独立の構想などまったく期待されていなかった。それどころか、エストニア人、ラトヴィア人、リトアニア人の多くは、彼らを東西から挟み込むドイツとロシアの間にあって、ロシア帝国政府に圧倒的な忠誠心を示していた。当初、彼らが求めた政治的要求は、民族の居住地域にもとづいた行政地域の統合とその自治であった。国家的独立構想が浮上してくるのは、戦争も末期のことである。

一九一五年三―九月には、バルト地方はすでに戦場になった。リトアニア全体を占領したドイツ軍は、ラトヴィア人居住地域に進軍、五月八日、リァパーヤ、八月一日、ヤルガヴァを占領した。

この占領の結果としてクールラントの住民の五分の三が避難民として東方へと逃げ、ラトヴィア人の三分の一以上がふるさとを失うという事態となった。ドイツ軍の前進は、一九一五年末、リーガを目前にしてダウガヴァ川でとまった。

多数のリトアニア人、ラトヴィア人避難民はロシアで自ら救済委員会を設置し、それはまもなく政治的意味をもつ民族的な集合体として発展するようになった。特に、ドイツ軍によるクールラントの占領で、ロシアで初めての民族的ラトヴィア人による軍隊の設置が許可された。ラトヴィア人のドゥーマ議員は、各一二〇〇人の兵力からなる二ライフル兵大隊設立のイニシアティヴをとった。ダウガヴァ川前線に投入されたこの民族的軍隊は、八大隊に拡大され、ラトヴィア人の民族的自覚にとってきわめて重要な役割を果たした。これが後にボリシェヴィキ革命の戦力となっていくラトヴィア人ライフル兵である。

エストニア人地域は全域がドイツ軍の占領にさらされることはなかった。エストニア人の民族的活動の中心は、タルトにつくられていた。そこでは、すでに一九一五年にトニッソンが「北部バルト委員会」を設置し、中産階級の社会勢力を結集しようとしていた。彼らは、戦争によってロシア帝国が自治を有する連邦へと改組されることを可能にするのではと期待して活動を進めていたのである。

だが、戦争中の一九一七年三月に「三月（ロシア暦二月）革命」が勃発、ロシアの帝政は崩壊した。ロシア臨時政府の設置で、ロシア帝国の改組は目前に迫り、皇帝退位後、自治を求めるエストニア人、ラトヴィア人の政治的グループの大規模なキャンペーンがロシア人地域で行なわれた。バルト海地方と中央臨時政府を結びつける役割にリーガの市長クラストカルンス（一八八八—一九三九）やタリンの市長ポスカ（一八六六—一九二〇）が県人民委員として指名され、さらに民族的・社会的要求を掲げる政党が次々と創設された。

また三月革命が起きたときには、戦争初期から軍事的教育を受け、実戦経験をもつエストニア人、ラトヴィア人将校が相当数いたことも重要であった。エストニア人は保守側に、ラトヴィア人はボリシェヴィキ側につき、異なる道をたどることになった。

二　第一次世界大戦中のバルト地域の人々

最初にドイツ軍によって占領されたのはリトアニア人居住地域であった。一九一五年三月から始まったリトアニアの占領は、第一次世界大戦が終結するまでの約三年半の間続いた。

その占領下の一九一八年二月に、リトアニアは独立を宣言したのである。戦争中のリトアニア人の動向は、居住地域だけにとどまらず、広く地域外でのさまざまな活発な活動として展開されていくが、その主要な拠点は、ヴィリニュス、ペトログラード（戦争中の一九一四年に、ドイツ語名サンクト・ペテルブルクからロシア語名に改称）にあった。

リトアニア人

リトアニア人の多様な活動は、占領軍であるドイツとの折衝、ロシア帝国内でのリトアニア人の立場の確立、英・仏の協商国との接触、在米リトアニア人による支援、周辺地域との利害の調整に向けられた。協商国との接触に努めたのは、一九一五年にガブリス（一八八〇―一九五一）の指導のもとに設置されていたジュネーヴの情報センターであった。一九一七年一〇月には、ストックホルムでアメリカ在住のリトアニア人とロシア帝国下のリトアニア人がリトアニア会議を開催、一九一七年六月ミンスクでもリトアニア人大会が開催されるなど地域外での活動もあった。

大戦当初、リトアニア人は親ロシアか親ドイツかという選択を迫られていたが、大戦の勃発はリトアニア人に彼らの将来のあり方を考えさせる機会を与えた。東プロイセンの「リトアニア・マイナー」の地域も含むリトアニア人居住地域を一つの行政単位として統一することとその自治を目指した。この点でロシア政府からの支持を得ることも期待したが、ロシアの自由主義者でさえリトアニア人の自治には反対であったことから、親ロシア路線は必ずしもリトアニア人全体の目標とするところとはならなかった。

ドイツとの関係をみると、リトアニア人居住地域とクールラントは、ドイツ占領当局によって「北部東方」として事実上統一された。この占領当局は、法制、教育制度の再組織化をはかり、戦争終結までにリトアニア人居住地域は完全にドイツの経済共同体に組み込まれていった。

この中でリトアニアの利益を引き出そうとしたのが、ヴィリニュスを拠点に活動した人々であろう。ドイツにとってリトアニア人の立場をより複雑にしたのは、リトアニア人居住地域がポーランド問題の一部であるという点であった。そして、これこそが、リトアニア人の民族主義者の意識を強固にした点であっただろう。

ドイツ宰相ベートマン＝ホルヴェック（一八五六―一九二一）が一九一六年四月五日に、ポーランド人、リトアニア人、バルトのラトヴィア人、エストニア人をロシアに二度と引き渡したくないと述べたときに状況は変わった。さらに一一月には、ポーランドの将来をめぐる中欧列強の宣言によって、リトアニア人民族主義者の主張への譲歩が引き出されたのである。その背景には、かつてのポーランド・リトアニア連合の復活を求める大国主義的なポーランド人の要求への拒否の姿勢があった。これは、一九一七年六月二日にリトアニア国家を求めるリトアニア会議の設立がドイツの東部戦線最高司令官によって許可されたことからも明らかとなる。九月一八日には、ヴィリニュスではバサナヴィチウスの指導のもとに、独立リトアニア国家の形成を目指す会議が開催され、臨時政府として働く二〇人のメンバーからなるリトアニア臨時会議（タリバ）が選出された。タリバの議長にはスメトナ（一八七四—一九四四）が就いた。

スメトナは一九一四年に、リトアニア人避難民救済委員会をドゥーマ議員のイチャス（一八八五—一九三一）とともにヴィリニュスに設置した人物である。イチャスはドイツ軍の進撃で一九一五年にヴィリニュスを去り、ペトログラードで「避難民のためのリトアニア人救済委員会」を組織した。その後二人の活動は分断された。

ペトログラードに逃れたイチャスはリトアニア人を率いて、一九一七年三月二六日にリトアニア人民族会議を開催、一二人からなる臨時行政会議を選出した。この会議は、ロシア首相リヴォフ公にロシア政府がリトアニア人の自治を認めることを求めたもので、リヴォフは民族的利害をポーランド人に対してと同様に考慮することを約束した。五月二七日、臨時国会（セイマス）がペトログラードに招集され、三三六人の代表が参加、独立リトアニア国家の承認を求めた。臨時国会からは極左の代表は離脱していった。

第１次世界大戦中、ドイツ軍に占領されたリトアニア（現リトアニア領域）からロシアへの避難民数

	ロシアへの避難民数	旧ロシア帝国領からリトアニアに戻った住民数		戻らなかった住民数
		1918—19	1920—21	
リトアニア人	250,000	150,000	65,000	35,000
ユダヤ人	160,000	35,000	45,000	80,000
ロシア人	90,000	30,000	5,000	55,000
ポーランド人他	50,000	30,000	5,000	15,000
総計	550,000	245,000	120,000	185,000

（出典） Balkelis, Tomas, "Nation-Building and World War I Refugees in Lithuania, 1918-1924," in : *Journal of Baltic Studies*, Vol.XXXIV, No.4 (Winter 2003), p.452より作成

ドイツとの提携を支持するスメトナのグループと、独立のためにはいかなる制約も拒否する民族主義者の間に当然のことながら論争が起きた。ドイツとの提携により、タリバは一九一七年一二月一一日に、首都をヴィリニュスにおき、ドイツと軍事、税、通貨を共有する「独立リトアニア国家の再建」を告知した。

スメトナはまもなく強力な反対派の指導者バサナヴィチウスによって解任され、一九一八年二月一六日、リトアニア会議タリバは民主主義国家として独立を宣言した。一方、三月二三日、スメトナとヴォルデマラス（一八八三―一九四二）はベルリンで同盟義務を再度受け入れ、ドイツ人の国王をもつ立憲君主制国家を形成することでドイツからの承認を得ていたが、西部戦線の崩壊によってドイツ帝国宰相バーデン公は、タリバに臨時政府の設置を許可した。一一月四日にタリバは、ヴォルデマラスを首相とし、西欧型の民主主義

憲法にならった憲法の作成にとりかかった。そして一九一八年一一月一一日、ドイツ帝国が停戦に調印したその日、立憲君主制の構想は破棄した。

在米リトアニア人

リトアニア人のもう一つの動向としてあげることができるのが、在米リトアニア人の活動である。シカゴ、ニューヨーク、ペンシルヴァニアに集中していた在米リトアニア人の数は当時およそ三〇万人にも及ぶ。一九世紀の移住以来、彼らは文化的活動を続けていたが、大戦中はそれが政治的活動にも及び、また、戦禍を被ったリトアニア人の救済活動や資金作りにも積極的に取り組んでいた。集めた二〇万ドルは、ローザンヌにあったリトアニア情報局の運営や、リトアニア問題を広く西欧諸国の人々に知らせるための情報の出版に使われたようである。

また、一九一八年三月には、二つの有力なリトアニア人グループがニューヨークに集まり、リトアニアの独立を要求し、アメリカ政府への支援要請にも努めた。

ラトヴィア人

第一次世界大戦中、バルト海東南岸地域の諸民族の中で、地域内外の諸勢力にもっとも翻弄されたのがラトヴィア人かもしれない。ラトヴィア人の居住地域がドイツとロシア、そしてボリシェヴィキの最前線であったからである。

一九一五年末以来、ドイツ軍の東進は、リーガの町に砲火が届くほど間近のダウガヴァ川前線でとまっていた。ドイツ軍に占領されたクールラントからは、すでに数万人の避難民が東へ逃れ、リーガからも重要産業の機械類や労働要員はロシア中央部に移されていた。ラトヴィア人は、ラトヴィア人避難民協会とラトヴィア人ライフル大隊の設置をロシア帝国政府から許可された。避難民がペトログラードやモスクワにあふれることを懸念するロシア政府にとって、対ドイツ軍の闘いの前線に、故郷を防衛する目的をもつ士気高いラトヴィア人ライフル大隊を投入できるのは好都合であった。

一九一七年の革命でロシア帝国内に生じたボリシェヴィキ勢力と非ボリシェヴィキ勢力による二重権力状態が、ラトヴィア人の中にもつくり出された。民族主義的な意図から成立したライフル団は、一九一七年五月までにボリシェヴィキの影響下に落ちた。革命後、ラトヴィア人の間に多数成立していた政党や政治的組織は、ボリシェヴィキ化された多くのラトヴィア人に占められ、リーガはまさにボリシェヴィキ化のシンボルのような様相になりつつあった。そこに九月、ドイツ軍が反撃し、リーガはドイツ軍に占領された。ラトヴィア人の居住地域はクールラントだけでなく南リヴラント（ヴィドゼメ）も次々とドイツ軍に占領されていった。ラトヴィアの数万人の難民は、内戦中のロシアに四散した。

このドイツ軍の占領は、ドイツ帝国への併合を求めるバルト・ドイツ人地主の望みに応えるものであった。一九〇五年の革命の経験から、彼らはドイツ人農民の入植を求めていたのである。だが、ドイツ軍のバルト地域での影響力も、一九一八年春がピークであった。ボリシェヴィキにとっては革命遂行のためには戦争をやめることが必要であった。ソヴィエト・ロシアは一九一八年にドイツとブレスト・リトフスク講和条約を締結した。ラトヴィア人ライフル大隊は「一一月（ロシア暦一〇月）革命」を守るために活躍する一方、バルト地方はドイツの手に渡されたのであった。

一九一八年秋にドイツが停戦条約を結ぶと、バルト地方は地域をめぐる諸権力の離脱という意味で「力の真空地帯」となった。

ところで、ラトヴィア人内の非ボリシェヴィキ勢力はどうだったのだろうか？　三月革命後、「農民同盟」はじめ多数成立した諸政党、政治グループは、南リヴラント（ヴィドゼメ）、クールラント（クルゼメ）、ラトガレを統合した「統一ラトヴィア」を求め、これまでの地主貴族階級が中心のランドターク（地方議会）に代わる臨時のラトヴィア人の地方評議会パドメを成立させたが、社会主義諸政党との軋轢《あつれき》は避けられなかった。この臨時の地方評議会パドメでは、ラトヴィア人の自治が要求され、県コミサール（人民委員）には社会主義者プリァドカルンス、副コミサールには農民同盟の指導者で後の首相、大統領となったウルマニスが選出された。これまでヴィチェフスク県に組み込まれていたラトガレの統一に関しては、ロシア臨時政府は来る憲法制定議会による決定にゆだねると慎重な態度であった。一九一七年九月にドイツ軍がリーガを占領すると、その状況の変化にともない、「自由なロシアの自由なラトヴィア」から「独立したラトヴィア人の国家へ」まで多様な構想を生じさせた。

一九一七年秋に実施された地方自治体選挙で、ラトヴィア人居住地域では、ボリシェヴィキが四〇〜七〇％の多数を獲得した。これは、エストニアでのボリシェヴィキ票が約三五％であったのに比べ、ラトヴィア人の間へのボリシェヴィキの浸透ぶりを明らかに示している。だが、ボリシェヴィキ革命は、ラトヴィア人の社会主義者を分裂させ、ラトヴィア人の間での勢力争いをいっそう複雑化させた。ラトヴィア人はソヴィエト・ロシアとの統一、連邦内での自立したラトヴィア、独立国家ラトヴィア、ドイツとの提携と、多様な方向性をもってさまざまな活動を展開しようとしていた。ドイツとの提携を求めて「国家」をつくろうと企図するバルト・ドイツ人の動向は、状況をさらに混乱させた。

非ボリシェヴィキのラトヴィア人が、独立国家を求めて民族会議を設置し、独立を宣言したのは一九一八年一一月一八日であった。初代大統領にはチャクステが、首相にはK・ウルマニスが選出された。すでに停戦条約を結んでいたドイツは、それを一週間後に承認した。

エストニア人

ロシアの三月革命に呼応したエストニア人は、三月末にペトログラードで約四万人の大デモを行なった。穏健な民族主義者トニッソンとデモの参加者が求めたのは、エストラントと北リヴラントを一つの行政地域として、エストニア人が居住する地域を統合することであった。この要求に対してロシア臨時政府は三月三〇日、エストリャント県とその周辺の島々、北リフリャント県の行政的統一に合意し、県人民委員（コミサール）にポスカが任命された。一九一七年五、六月に選出された地方議会（マーパエヴ）は、九月になるとエストニア軍のロシア軍からの離脱の可能性についても議論を始めた。地方議会マーパエヴでの最大勢力は農民同盟で、六四人のうち一三人を占めていた。エストニア人の将来のあり方としては、全ロシア連邦内でのエストニアの自治を考えるものが主流であった。

ドイツ軍は一九一七年八月下旬に、エストニア人の住むサーレマーとヒーウマーの両島を占領した。この状況下、トニッソンは、スカンディナヴィア諸国とリトアニアも含むバルト諸国との自立的連合の「バルト・スカンディナヴィア連合」構想をもった。だが、エストニアでもボリシェヴィキと非ボリシェヴィキの二重権力は存在し、両者の対立はエストニア人居住地域内での政治的統一を困難にしていた。一一月革命後に、地方議会マーパエヴは西欧列強の支持を得て、完全な国家独立を達成することを決定した。

ポスカは一一月革命後にその任を解かれ、地方議会マーパエヴも一一月に憲法制定議会選挙の実施を口実に解散させられた。なおも秘密会合を続ける地方議会マーパエヴは、憲法制定議会が招集されるまではエストラントの最高権力機関として機能することを要求した。一九一七年一一月の全ロシア憲法制定議会の選挙では、ボリシェヴィキは四〇％の票を獲得した。だが、翌一八年一月に実施されたエストニア憲法制定議会の第一回選挙では労働党が勝利した。これは、ボリシェヴィキが農民への土地の再分配を拒否して国有化し、国営集団農場化したことが、ボリシェヴィキへの不信につながったのかもしれない。

ドイツ軍がタリンに達したのは一九一八年二月であるが、すでに一九一七年秋には、地方議会マーパエヴは各政党の代表者パッツ、コーニック、ヴィルムスらからなる長老委員会に権力を託して地下にもぐっていた。この長老委員会が一九一八年二月二四日、独立を宣言し、臨時政府を形成したのであった。

三　バルト・ドイツ人の動き

一九世紀後半の厳しいロシア化政策は、それまでバルト海東岸地域で特権的地位を維持してきたバルト・ドイツ人も例外としなかった。その結果、先にも述べたようにバルト・ドイツ人の間には、親ドイツと親ロシアの二つの傾向が生まれた。親ドイツ傾向を代表するバルト・ドイツ人の中には親ドイツ派の歴史家、評論家による強力な反ロシア宣伝が行なわれた。かつて、ドイツの宰相ビスマルク時代の親露政策の基盤は、バルト東岸地域やリトアニア人居住地域の統治に関してロシアの関心に任せることにあったのだが、第一次世界大戦の勃発によりこの状況に変化が現われた。

バルト海東南岸でのドイツ軍

バルト・ドイツ人地主がドイツ人農民の大規模な入植を求めたことは、ドイツが東方に進出するための良い口実となった。バルト・ドイツ人保守層は一三世紀以来、支配階層としての地位にあったバルト海東岸地域で今後もその地位を確保することを目指したため、エストニア人、ラトヴィア人民族主義者との対立、ボリシェヴィキとの対立をひき起こした。このような対立と占領ドイツ軍の政策とが結びつき、「統一バルト国家」建設構想が生まれてくるのである。つまり、先に占領されたリトアニアでの例にならって、プロイセンとの同君連合、あるいはバルト公国の形成案である。これは、ドイツ軍がソヴィエト・ロシアと一九一八年三月三日にブレスト・リトフスク条約を結び、バルト海東岸地域の権力を掌握した後の四月一二日に、バルト・ドイツ人がドイツ皇帝に対して君主制国家の請願を出すことによって示された。

他方で、バルト・ドイツ人の中には、ジャーナリストのP・シーマン（一八七六―一九四四）のように、バルト諸民族に独自の議会と政府をもつ権利があるとドイツで宣伝するものもいた。シーマン自身、当時のバルト・ドイツ人の例にもれず、ドイツ各地の大学で学んだジャーナリストで、一九一九―三三年の長期間、ドイツ語新聞『リガッシェ・ルントシャウ』の編集長を務めた人物である。その後、ジャーナリスト活動や政治活動に入り、バルト・ドイツ人民主党議長として、ラトヴィア国民会議や憲法制定議会、第一～四期の議会（セイマ）議員を務め、ラトヴィア人の間でも自由主義的な民主主義者として評価が高かった。

一九一八―二〇年のバルト海東南岸は、解放戦争の場である一方、ロシアの内戦とつながっているだけでなく、世界大戦で対立した列強の利害の調整と衝突の場でもあった。英・仏は、ドイツがロシアの非革命勢力と手を結ぶことを恐れ、また革命を恐れる英・仏は、ドイツとロシアの革命勢力が連携することを警戒していた。

英・仏の恐れていたことが起きた例として、後述するドイツのゴルツ将軍とロシアのベルモント＝アヴァロフ陸軍大佐率いる軍隊のつながりをあげることができるだろう。

四　バルト三国の成立

第一次世界大戦後、バルト海東南岸に独立国家が次々と成立していったことは、東欧全体に次々と新興国家が生まれたケースの一つとして取り上げられる。確かに表向きは、理念的な民族自決の原則が、西欧列強の支持を得て独立国家の誕生をもたらしたようにみえる。しかし、実情は、一九一七年のロシア革命によって生まれたボリシェヴィキに対する緩衝国家群として、バルト海東南岸地域が「防疫線」の役割を果たすことが期待されたことは明らかである。このような国際環境の中で、それぞれの国はどのような過程を経て、独立国家を成立させたのだろうか？

エストニア

エストニアの長老委員会が独立を宣言したのは、ドイツ軍のタリン占領の直前の一九一八年二月二四日のことである。この独立宣言に西欧列強からの支持を得るため、代表がヨーロッパの首都に派遣された。五月には、英、仏、イタリアが事実上独立を承認している。バルト問題についての連合国の態度はまだ明確ではなかった。

一九一八年一一月のドイツ帝国の崩壊によって、バルト地域のドイツ支配の可能性は取り除かれたかのようにみえたが、それに代わって東からボリシェヴィキ軍が進軍して来た。そのため一一月一一日の停戦条約で、ドイツはしばらくの間、東部戦線に軍を維持することが認められた。一一月の末、エストニアの首相で戦争大臣でもあった長老委員のパッツと連合国との間で、エストニア人指揮下に独自の将校をもつ民族義勇兵の編成が取り決められた。それを率いるのは、元ロシア帝国将校ライドネルであった。戦闘に農民を立ち上がらせたのは、民族主義的な思想ではなく、戦闘に参加する人へ土地を与えるという約束であった。エストニア政府にとっては農業改革が急務であった。戦争半ばで実施されたエストニア憲法制定議会選挙では、民主主義的諸政党（左派）が圧倒的な勝利を得た。ただちに農業問題が着手され、バルト・ドイツ人が所有していた土地の再分配が進められた。一九一八年の時点で、まだ彼らは土地の五八％を所有していたのである。

ボリシェヴィキ軍はナルヴァを占領したが、英海軍の干渉によりそれ以上進めなかった。ライドネル将軍のエストニア軍にはバルト・ドイツ人義勇兵も参戦し、一二月末にはタリンに約三七〇〇名のフィンランド義勇兵が到着し、ボリシェヴィキ軍との戦闘に加わった。この戦闘でフィンランド義勇兵はきわめて重要な役割を演じた。

これらの支援を受けたエストニア軍は一九一九年二月までに、ボリシェヴィキ軍をエストニア人居住地域から押し出すのに成功した。春には早くも、ソヴィエト・ロシアからエストニアに対して平和条約の申し出があった。それというのも、ソヴィエト・ロシアはロシア白軍がペトログラード攻撃の基地としてエストニア人居住地域を利用するのを妨げる必要があったからである。連合国はエストニアが単独でソヴィエト・ロシアと平和条約を締結するのに反対し、ロシアのユデニッチ将軍指揮下の北西軍がペトログラードへの攻撃を終えるまで待つべきと考えていた。エストニアは一九一九年一一月に、タルトでのソヴィエト・ロシア代表リトヴィノフ（一八七六―一九五一）もまじえて、ラトヴィア、リトアニアとともに平和交渉の話し合いを行なおうと試みたが、成功しなかった。それどころか、国境に迫るボリシェヴィキ軍を目の前にして、単独でソヴィエト・ロシアと平和交渉を継続せざるを得なかった。そして一九二〇年二月二日、エストニアとソヴィエト・ロシアとの間の平和条約は、ラトヴィアやリトアニアに先立ち締結された。

ラトヴィア

独立国家の達成まで、もっとも困難で複雑な道をたどることになったのがラトヴィアであった。

ラトヴィアもエストニア同様、ボリシェヴィキの脅威やドイツ軍の瓦解《がかい》に直面して、一九一八年一〇月には独自の軍隊を組織することを決定した。一一月にはラトヴィア国防省管轄下にバルト地域全体の防衛組織「バルト国防軍」の設置が許可されたが、エストニア軍の編成とはいささか異なるものであった。ボリシェヴィキ勢力の前進を阻止する点で合意していた「バルト国防軍」は、バルト・ドイツ人との共同の軍隊であったことから、かつての騎士階級身分で政治的指導力を依然としてもっているバルト・ドイツ人とラトヴィア人民族会議や臨時政府との間での対立がまもなく明らかとなった。「バルト国防軍」の目的は、撤退したドイツ第八軍から募られた義勇兵「鉄旅団」とともに、リーガやラトヴィア西部を軍事的に保護することであった。

一九一九年一月二日、ボリシェヴィキ軍との戦闘の結果、リァパーヤにまで軍も臨時政府も撤退した。二月二日には、フィンランドでの対ボリシェヴィキ戦で勝利の経験をもつドイツ軍のゴルツ将軍が、ラトヴィアに到着した。だが、政府との対立が発展し、「バルト国防軍」の指揮官マントイフェル下の突撃隊が一九一九年四月一六日に非ボリシェヴィキのウルマニス政府を倒した。いわゆる「リバウ一揆（リァパーヤ一揆）」である。それに代わって、ドイツの軍事勢力を背景に五月に設置されたのが、ラトヴィア人牧師ニードラの政府であった。ニードラ政府はわずか八〇日間しか続かなかったにもかかわらず、ラトヴィア国家の成立に果たした役割は大きい。というのも、分裂状態にあったラトヴィア人の非ボリシェヴィキ勢力の統合を促したからである。

東から進撃してきたボリシェヴィキ勢力への反撃に出た「バルト国防軍」は、一九一九年五月二二日、ダウガヴァ川の橋を攻略、リーガの町を取り戻した。この奪還は、バルト地域のボリシェヴィキ化を防いだという点で大きな意味をもった。バルト・ドイツ人歴史家ラウホをして「ダウガヴァ川の奇跡」と言わしめるゆえんである。

リーガのボリシェヴィキ勢力崩壊後、戦闘はダウガヴァ川を越えて北上しつづけたが、ドイツ軍と結びついているバルト・ドイツ人と、ラトヴィア人非ボリシェヴィキのラトヴィア軍との間の利害の対立はいっそう高まっていった。ラトヴィア軍にとって、今度はドイツ人勢力からの解放という課題がそこにあった。イギリスが仲介を試みたが、ラトヴィア軍はエストニア軍の支援を得、ツェーシス近郊で、バルト国防軍と一九一九年六月二二日と二三日に衝突した。ラトビア・エストニア軍はバルト国防軍に対して勝利を収め、ドイツ軍はリーガから撤退した。

この勝利は軍事戦略的な意味にとどまらず、七〇〇年にわたるバルト海東岸地域での「バルト・ドイツ人貴族の支配」に対する勝利として象徴的な意味をもつものといえよう。ドイツ人がぬけた「バルト国防軍」は、イギリス陸軍中尉アレクサンダーの指揮下におかれ、バルト地域自身の軍隊は、英仏協商国側の支援のもとに再組織され、装備も整えられた。バルト海東岸でのイギリスの影響力は増していった。明らかにイギリスは、戦後のバルト海東南岸地域に経済的関心を寄せ始めていたのである。

ラトヴィア軍はエストニア軍の支援を受けて、さらにラトガレでボリシェヴィキ軍との戦闘を継続しなければならなかった。この戦闘は、ポーランド人から歓迎すべき支援を受けることができた。というのも、ポーランドはリトアニアとの緊張関係にあったため、ラトヴィアとの間に良好な関係を維持することに非常に重きをおいていたからである。

ところが反ボリシェヴィキ派のベルモント＝アヴァロフ率いるロシア白軍と、先にリーガを追われたゴルツ将軍の軍隊とが「バルティクムのドイツ・ロシア連合軍」を結成して、ラトヴィアの現体制の転覆を目指して一九一九年一〇月八日にリーガを攻撃した。この戦いは一一月一一日まで続いたが、イギリス軍に支援されたラトヴィア軍は連合軍を打ち負かした。この戦いはこれで終わったわけではなかった。リトアニア人と戦闘していたベルモント＝アヴァロフのロシア軍を追い払ったのはようやく一九一九年一二月になってからであった。

ラトヴィア人居住地域の解放のための闘いの時期、ドイツ軍、ボリシェヴィキ軍、ロシア白軍によって翻弄されたがゆえに、民主主義国家を目指すラトヴィア人の新たな国家は、最初から基盤の脆弱なものであった。加えて国内のボリシェヴィキ軍の主力は、ラトヴィア人ライフル大隊であった。また、ソヴィエト・ロシア側で最後まで独立国家の承認を反対していたのが、ラトヴィア人ボリシェヴィキのストゥチカであったから、ラトヴィア人同士の勢力争いをはっきりと示している。内戦といわれるゆえんである。

一九二〇年八月一一日、ラトヴィアはソヴィエト・ロシアとの平和条約締結にこぎつけた。ラトヴィアとポーランドとの間の関係構築を望まず、さらにバルト海沿岸地域が地域協力へと発展する可能性を恐れていたソヴィエト・ロシアは、ポーランドとソヴィエト・ロシア間の戦争が決定的な転換点を迎える直前に、ラトヴィアとの間で平和条約を結んでしまいたかった。こうしてソヴィエト・ロシアとの東部国境が言語境界線となり、歴史的に統一されることのなかったラトヴィア人居住地域全体が、ここに一つに統合されたのである。

リトアニア

リトアニアでもボリシェヴィキ軍の前進が一九一九年一月に最高潮に達していた。これに対抗して一九一八年一一月末に設置されたリトアニア軍は、撤退するドイツ軍から装備と軍需物資を確保して軍備にあてた。一九一九年夏の終わりになって、ようやくリトアニア人居住地域全体がボリシェヴィキ軍から解放された。ソヴィエト・ロシアとの平和条約の締結は、翌一九二〇年七月一二日になった。ヴィリニュス地域でのリトアニア人の主権の承認をソヴィエト・ロシアから引き出したが、リトアニアは新たな問題と直面しなければならなかった。

ポーランドもヴィリニュス地域への主権を主張していたのである。かつての歴史的パートナーであるポーランドとの確執の始まりである。

第七章　バルト三国の独立国家としての歩みと崩壊

一　独立国家へ向けて

「……今次欧州大戦ノ結果　外交上　第二ノ「バルカン」半島ト化スルニ至リタル（傍線筆者）ヲ以ツテ列国ハ多大ノ注意ヲ払ヒ　殊ニ露国ニ対シ利害関係ヲ有スル諸国ハ同沿岸地方（「バルチック」）ヲ以ツテ露国ノ天候風雲観測地トシ　其ノ結果列国ハ未タ新三国ニ法律上ノ承認ヲ与ヘサル　以前ヨリ三国ニ代表機関ヲ有シ　同代表機関ハ当初種々ノ名称ヲ帯ヒタルモ　列国ハ三国ニ法律上ノ承認ヲ与フルト同時ニ任国ニ好意ヲ表スル為　其ノ機関ヲ直チニ各自正式ノ公使館ニ改メ……」（「在里賀帝国公使館設置稟請《りんせい》ノ件」（大正一三年二月一九日）『在

外帝国公館設置雑件』）

これは一九二四年（大正一三年）二月一九日に、一等書記官上田仙太郎が、外務大臣松井慶四郎宛に日本の公使館設置を願い出るため里賀（リーガ）から送付している文書の一部である。ここで上田が第二の「バルカン」半島という表現を用いていることは、いみじくも、この地域の第一次世界大戦から独立国家承認までのバルト海東南岸地域の複雑な事情を端的に示し、また、列強にとってバルト海東南岸地域は、ロシアの状況をみる重要な観測点とみなしている。

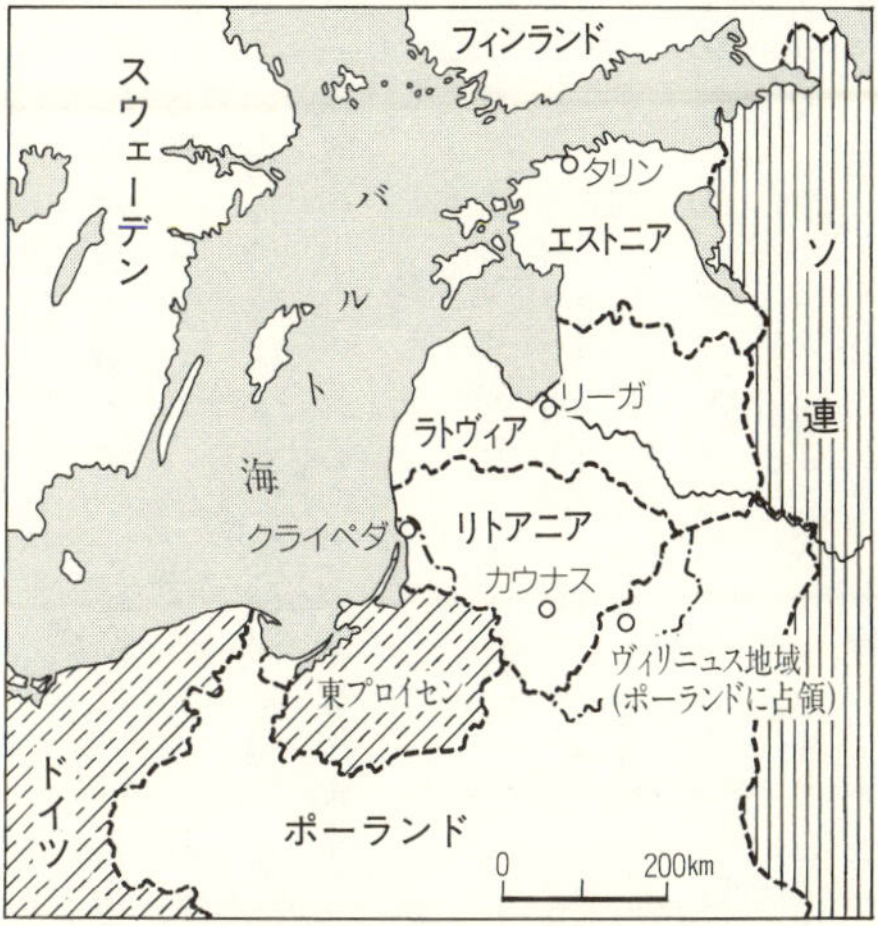

大戦間期のバルト海東南岸地域

　バルト三国は一九二〇年、ソヴィエト・ロシアと平和条約を締結し、独立国家の樹立にこぎつけた。一九一八年に独立を宣言した三国の臨時政府は、講和会議の開催されていたパリで、国家承認を目指して列国との間にロビー活動をしたが、英仏協商国から法的に独立国家としての地位を得ることができたのは、ようやく一九二一年（エストニア、ラトヴィア）、二二年（リトアニア）のことであった。

第一次世界大戦とロシア革命は、他の新興東欧諸国と同様、バルト海東南岸地域の人々に独立の機会を与えた。が、同時に、自ら解決しなければならない多くの課題も与えられた。さらに自らの手による国家建設には、どうしても国内での政権基盤の確立と社会の安定、経済の発展が求められるので、多難なスタートとなった。

安定した政治と社会

まず、国内の政権基盤の確立と社会の安定をみてみよう。

エストニア人居住地域は一九一九年四月にソヴィエト・ロシアから解放され、招集された憲法制定議会は、議員の四〇％が社会主義者、二五％がそれぞれ急進民主労働党と自由民主主義者、六・五％が農民党と、明らかに急進的な傾向を示す議会が成立した。独立宣言の一九一八年二月二四日直後に設置されたパッツの臨時政府は、翌一九一九年には労働党のストランドマン（一八七五―一九四一）に、次は人民進歩党のトニッソンに取って代わられた。

一九二〇年一二月二一日から実施されたエストニア憲法では、議会リーキコグの権限が強く、解散は国民投票によってのみ可能であった。首相と同時に国権の長をも代表するリーキヴァネムという地位は、実際には強力なものではなかった。議会の決定に対する拒否権はなく、不信任によってその地位を去ることになっていた。議会は一院制で、議員は比例代表制によって選出され、任期は三年であった。

新興国家エストニアでは、民主主義的な議会制はできたものの、安定した政治と社会をもたらすことにはならなかった。一九一八年のパッツの臨時政府誕生から、一九三四年にパッツが起こしたクーデターによって議会制が停止されるまでのわずか一六年の間に、一九の政府が次々と交替している。平均すると八ヵ月と二〇日の短命な政府の連続であった。不安定さは、議会リーキコグに議席をもつ政党の数の多さからもうかがうことができる。もっとも多かった第二期議会には、定員わずか一〇〇名のところに一四もの政党の代表がわりこむという状態であった。

新生国家ラトヴィアでは、当初反ボリシェヴィキ勢力からなっていた臨時政府は、社会主義者と袂《たもと》を分かっていたが、一九二二年の第一期議会セイマでは、社会主義諸政党からの代表が三八％を占め、最大勢力となっていた。これに次ぐ勢力として農民同盟があるが、それはわずか一六％にすぎず、農民ブロック全体でも二五％と、政府基盤の脆弱さを隠せなかった。農民諸政党が高い支持を得ることができなかったのは、後に触れる土地改革の不徹底であろう。先の一一月革命後のラトヴィアでも、農地の再分配に失敗したボリシェヴィキが急速に支持を失っていったことも思い出される。大規模土地所有が廃止され縮小されたりしたものの、もともとの大土地所有者が依然として土地改革後もかなりの農地を所有した理由としては、ポーランドやハンガリーの大貴族の存在のように、ラトヴィアでも有力なバルト・ドイツ人の存在をあげることができるだろう。

一九二二年一一月七日に発効したラトヴィア憲法では、議会セイマに広範な権力があった。大統領は法案の提出、首相の指名、議会会期中でない場合の臨時統治の権限を有していた。しかし、ここでも政府は数ヵ月以上続かず、一九二二年から一九三四年の間にセイマに代表者を送ったのは三九もの政党であった。新生国家の民族的少数者となったロシア人は五政党に、ユダヤ人は三政党に分かれていた。バルト・ドイツ人もいくつかの政党を構成してはいたが、それらの諸政党は影響力のある前述のバルト・ドイツ人のシーマンがリーダーシップをとって利益代表として動いていた。しかし、一九一八年の臨時政府成立から一六年間の議会制の期間に立案された法律の数が三二六七であったことから考えても、国内政治の基盤の不安定さは十分にわかる。

リトアニア人にとっても、国家建設は多難な課題を抱えたスタートとなった。なかでもリトアニアの問題を特徴づけるのは、隣国ポーランドとの確執であろう。

リトアニア人住民を自分たちの側にひきつけることに失敗したボリシェヴィキ軍は、リトアニア軍によって一九一九年の夏も終わり近くに、リトアニア人居住地域から駆逐された。

最後まで領域内にとどまっていたロシア白軍も、一一月二一—二二日の戦闘でリトアニア軍に敗れた。ロシア白軍はドイツ軍の資金と物資とで支援された軍であったから、事実上ドイツ軍もこれで完全に追い払われたことになる。

ところが問題は、リトアニア軍がヴィリニュスを解放する準備をしている間に起こった。ヴィリニュスがポーランド軍によって占領されてしまったのである。一六世紀のルブリン連合を思い出させる歴史的なポーランド・リトアニア連邦の再建を夢見ていた政治家ピウスツキ（一八六七—一九三五）を指導者とするポーランドは、ヴィリニュス地域への諸権利を主張していた。だがポーランド軍は、一九二〇年七月にボリシェヴィキ軍に敗れた。そして七月一二日にソヴィエト・ロシアとの間で結ばれた平和条約によって、リトアニアはヴィリニュス地域の領有に合意を得た。しかし、再度侵攻したポーランド軍は、ボリシェヴィキ軍を撤退させ、再びヴィリニュスを占領した。一〇月七日には、英仏協商国の参加のもと、ポーランドとリトアニアの間でヴィリニュス地域のリトアニアへの帰属が合意に達した。だが、二日後の九日に、ヴィリニュス地域は再びポーランド軍によって占領され、一九三九年までポーランドが占拠したままであった。この係争問題は国際連盟で取り上げられたものの、解決しなかった。このためリトアニアとポーランド両国関係は極度に悪化し、両者の緊張した関係は、一九九四年に両国が国家間条約を締結するまで続いたといってよいだろう。

いま一つ領土をめぐる係争に、クライペダがあった。すでに述べてきたように、クライペダはバルト海東南岸に位置する港湾都市で、ドイツ語名メーメルと呼ばれ、ドイツ人の要塞として成立した町である。そこに居住するリトアニア人の暴動にリトアニア義勇軍が武力介入し、一九二三年に、リトアニア領となったのであった。海岸線の短いリトアニアにとって、クライペダの領有は重要な意義があった。

リトアニアで推し進められた議会制民主主義の様相は、エストニアやラトヴィアと異なっていた。憲法制定議会（一九二〇年四月―二二年七月）と第一期議会セイマスで優勢な政党は、キリスト教民主党であった。リトアニアでは、社会階層の相違から生じる利害関係よりも、カトリック教徒としての連帯感のほうが勝っていたのである。議会は、比例代表制による普通選挙で選ばれる一院制のセイマス（任期三年）であった。議会制が機能している期間、リトアニアでも民族的少数者のユダヤ人、ポーランド人、ドイツ人も議会内に数議席を獲得していた。だが、この議会制が行なわれたわずか七年間に成立した内閣の数は一一にのぼり、政権の安定とは程遠い状況にあった。不安定な国内の政治状況の中で、三国のうち最初に議会制が停止されたのがリトアニアであった。一九二六年に軍事クーデターが起きたのである。ちなみに、三国とも議会はドイツのワイマール憲法にならったものであった。

リトアニアはまた、先に述べたポーランドとの確執やクライペダの領有をめぐるドイツとの確執があったことも、社会的安定を妨げる要因であった。

エストニア、ラトヴィアの経済発展

バルト海東岸地域は、一九世紀後半のロシア帝国内で、産業の発展した地域として経済的繁栄を謳歌《おうか》していた。第一次世界大戦直前には、バルト海東岸のリーガ、リァパーヤ、ヴェンツピルスの港町は、ロシアとヨーロッパの間の全輸出入の三分の一を扱うほどの繁栄ぶりであった。とりわけリーガは、木材では欧州最大の輸出港として知られていた。このロシアとの結びつきから生まれた経済的繁栄は、独立によって失われた。さらに、大戦中の農地の荒廃、ソヴィエト・ロシアのボリシェヴィキ軍の撤退の際の工場施設などの撤収で、地域の産業は壊滅的な打撃を受けていた。工場の避難や食糧不足による農村部への移住もその理由の一つとして指摘できるだろうが、たとえばリーガの人口についてみると、戦前の五一万七〇〇〇人から一九一九年には約二〇万人にまで激減している。

バルト海東岸地域の経済的基盤がこのように衰退した原因は戦争によるものであるが、それに加えてロシア帝国からの離脱により、帝国から供給されていた豊富な原料の入手が困難となり、これまで保証されていた市場を喪失したことである。また、ロシアの内戦への干渉として連合国が行なったソヴィエト・ロシアへの経済封鎖も、東岸地域も含めたバルト海東南岸全域に打撃を与えた。

しかし、この地域がもつ東西をつなぐ橋という歴史的役割の回復は、さほど困難なことではなかった。戦争が終結し、ソヴィエト政権ができあがると、一九二〇年代には欧米諸国から、ソヴィエト・ロシア市場への足がかりとしての役割が期待され、特に伝統的な中継貿易の拠点であったエストニアのタリン、ナルヴァ、ラトヴィアのリーガ、リァパーヤ、ヴェンツピルスの港の発展は目覚ましかった。欧州諸国にとってエストニアやラトヴィアは、特に魅力的な投資の場であった。

農業問題と社会構造の変化

ところが、地理的に恵まれていたエストニアやラトヴィアと異なり、リトアニアは伝統的に農業と林業が産業の中心であった。一九二三年にクライペダをドイツから獲得して、ようやく産業の中心となる主要な港を確保したのだが、首都ヴィリニュスがポーランドに占領され、ソヴィエト・ロシアと共有の国境をもたなくなったため、港を確保したものの、ソヴィエト・ロシアとの中継貿易の拠点を築くことができなかった。このため、主要な産業が農業製品や木材であったリトアニアでは、エストニアやラトヴィアと比べて、かなり緩慢な発展をたどらざるをえなかった。

独立後、産業の発展が強く求められていたリトアニアにとって、国家基盤の安定にはなんといっても農業問題の解決が必須《ひっす》であった。エストニア、ラトヴィアも同様であった。現地のボリシェヴィキが勢力を定着できなかったのも、農業問題の失敗が理由であった。独立当初の農業人口は、リトアニアで七八%、ラトヴィアで六六%、エストニアで六〇%であった。戦前、これら地域は大土地所有によって特徴づけられていた。大土地所有は、エストニアやラトヴィアで平均二〇〇〇ヘクタールを超えていたが、リトアニアでは四九〇ヘクタールであった。違いは規模だけでなく、エストニア、ラトヴィアの場合、大土地所有者はバルト・ドイツ人であり、リトアニアの場合は、主にポーランド人やロシア人であるという点にもあったことは、前に述べたとおりである。もっとも、このようなバルト・ドイツ人の所有する土地の広大さが、大戦中にドイツ人農民をエストニア人、ラトヴィア人の居住地域に入植させようと働きかける理由ともなったのであるが。

こうして農業問題の最大の課題は、まさに土地改革となった。地主が所有するすべての地所は取り上げられ、再分配された。地所の没収に賠償金は支払われなかったか、払われた場合でもわずかであった。

この結果、バルト海東南岸地域を特徴づけていた社会構造は大きく変化した。地主のエリート層は、富の大半を失う一方で、新たに土地を所有する多数の農民を生み出した。これによって、主要な政治勢力としてさまざまな農民政党が台頭してきた。

独立を担った勢力は民主主義勢力であり、三国が目指した国家は、西欧にならう議会制民主主義の国民国家であった。だが、先にも述べたような戦争による国土と国民の疲弊に加えて、新国家建設に立ちはだかったのは、国内の勢力の分散であった。

新国家を担った人々

民族国家を目指す国家建設の初期、三国を構成する人々は次のようであった。エストニアでは、総人口九七万人のうちエストニア人は八七・六％、民族的少数者のうちでも最多のロシア人は八・二％（一九二二年）で、つづいてドイツ人（バルト・ドイツ人）、スウェーデン人となっていた。これはこの地域の歴史を想起させる。

さらに特徴的なのは、ロシア人が東部地域に集中していることであった。ドイツ人の比率はおよそ一・七％と低いが、当初の政治的な影響力はロシア人に比べてはるかに高かった。一九二〇年からの第一期議会では、ドイツ人が三議席を確保したのに対して、ロシア人はわずか一議席にすぎなかった。

ラトヴィアでは、総人口一三五万人のうち七五・五％がラトヴィア人で、民族的少数者のうちの最多はエストニアの場合と同様にロシア人で、七・八％を数えた（一九二〇年）。これにベラルーシ人やポーランド人を含むスラヴ系の諸民族が四・七％とつづくが、これらは東部のラトガレに集中していた。ラトガレはかつてのポーランド・リトアニア王国の領土であり、ロシア帝国時代もヴィチェプスク県に編入されていたから、当然であった。そしてユダヤ人、ドイツ人が民族的少数者となっていた。一九二二年の第一期セイマ（定員一〇〇名）では、民族的少数者が獲得した総議席数は一六議席で、そのうちドイツ人代表が六議席、ユダヤ人代表が六議席を占めていた。ここでも最大の民族的少数者のロシア人よりも、ドイツ人やユダヤ人が多くの議席を獲得しており、政治的な影響力では圧倒的に勝っていたことがわかる。

リトアニアの総人口は、クライペダ、ヴィリニュスを除いて二〇三万五〇〇〇人で、そのうち六九・二％がリトアニア人であった（一九二三年）。参考までに一八九七年のロシア帝国の調査で、ヴィリニュスのあったヴィルナ県の人口を民族別にみると、リトアニア人が約二八万人に対して、ベラルーシ人が八九万二〇〇〇人となっており、都市ヴィリニュスの人口も、ユダヤ人が四〇％、ポーランド人が三〇・九％、ロシア人が二〇％を占めていた。リトアニア人の大多数は、農村地帯に住んでいたということである。都市ヴィリニュスにユダヤ人が集中し、また、ポーランド人が多いことが特徴としてみられる。ポーランド人の多さはポーランド・リトアニア王国の名残を強く示していた。この人口統計によって示されるヴィリニュスの地域住民の民族的偏りが、この町および周辺地域へのポーランドの領土的主張につながった。

新興国家の国民ではないが、リトアニア国外に住むリトアニア系の人々も無視できない。一九世紀末に相当数が移民として渡ったアメリカには、当時七〇万～八〇万人のリトアニア系の人々が暮らしていたのである。彼らからの送金は、リトアニアの経済的発展にとって有益であった。

「バルト」の構想

さて、本章の冒頭に引用した上田仙太郎書記官の記述にもあったように、バルト海東南岸に成立したこれら三国は「バルト（バルチック）」という一つの単位として記されている。三国は、西欧列強から事実上の国家独立の承認は引き出したものの、法的な承認を得るのに時間を要した。というのも、これまで西欧列強はバルト海東南岸地域の認識に乏しく、イギリス外務省でさえ状況を十分に把握していなかった。連合国はバルト三国の国家としての存続に懐疑的で、依然としてロシア問題の一部として対応しようとしていた。ところが、ソヴィエト・ロシアが三国を承認したことから、これ以上承認を躊躇《ちゅうちょ》することは利益を損なうと判断し、承認に踏み切ったのである。ソヴィエト・ロシアから最初に法的な国家承認を引き出す要因の一つとなったのは、バルト海東南岸地域での地域協力という試みであった。「バルト」を含む地域協力の構想は、すでに革命後の国家構想の中でエストニアやラトヴィアから、スカンディナヴィア＝バルト・ブロック構想やバルト連盟構想として現われてきた。

一九一七年当時、まだ占領下にあったバルト海東南岸地域では、軍事的な協力の可能性を語るものもいた。バルト三国だけ、もしくはポーランドも加える、あるいはフィンランド、スウェーデンも参加するといった「バルト・ブロック」は、軍事的な可能性として無視できないものであった。だが、実際には「バルト」あるいは、より広範な地域の協力は実現にいたらなかった。というのは、フランスとの関係を強化していくポーランドが突出した地域内勢力になること、ポーランドとリトアニア間の係争にまきこまれたくないこと等々、ヨーロッパ列強の間の利害関係の調整に失敗したからであった。

だが、ボリシェヴィキとドイツ軍からの解放戦争でエストニアから軍事援助を受けたラトヴィアは、エストニアとの軍事面での協力に、一九二三年に合意した。もっとも、エストニアとラトヴィアが合同大演習を行なったのは一九三一年の一回だけであった。リトアニアがこの二国の協力に参加するのは、欧州情勢がまたも不穏になってきた一九三四年のことであった。

二　権威主義体制の成立

エストニア、ラトヴィア、リトアニアは、一九二〇年代末までには、国際経済や欧州の安全保障の場の中で、ある程度の安定した位置を見出すことに成功していた。産業の発展していた戦前はロシア帝国内の市場と原料に頼っていたが、代わって今度は主にドイツやイギリスからの外国資本がその発展を支えることになっていた。戦前にあった工場を再開したり、新たに建設したりして、産業生産も戦前のレベルにまで回復しつつあった。たとえば、現在でもエストニア東部を有名にしているオイル・シェールや燐灰土《りんかいど》の採掘が始まったのも一九二〇年代であったし、ラトヴィアの砂糖工場もこの時期につくられた。

他方、リトアニアでは、独立まもない一九二三年、人口の四分の三がまだ農業に従事しており、産業、運輸、通信、商業、金融などの従事者は一〇%にすぎなかった。この年の統計によると、識字率は五六%とエストニアやラトヴィアに比べてはるかに低い。しかし、産業の発展で相変わらず、他の二国にかなり後れをとっていたリトアニアも、食品加工業の面では他より進んでいた。

こうして三国はそれぞれの歩みの中で産業も立ち上がりつつあったが、一九二九年に始まった世界恐慌による危機に対応できなかった。国際経済の資本回流に組み込まれて経済を発展させていたことが、当然新しい三国に経済面で大きな打撃を与えた。それは不安定な政治的状況に追い討ちをかけ、安定した政府をつくることはついに一度もなかった。急進的な憲法や選挙法もその一因であったが。

不安定な社会

最初の変化は、リトアニアから始まった。一九二六年にははやくも権威主義体制が敷かれたのである。圧倒的な数のカトリック教徒の有権者がいるリトアニアでは、キリスト教民主党やその同盟が多数を得ている限り、危ういながらもある程度の政治的安定を確保していたが、一連の汚職スキャンダルから彼らは敗北した。それに代わって、人民党（ポピュリスト）、社会主義者、少数民族からなる連立政権が成立したのである。一九二六年の選挙では、社会民主党が投票数の一七％まで獲得した。産業労働者の少ないリトアニアにおいて、かつてない投票数を獲得したのである。この連立政権は、だが半年あまりしか続かなかった。

一九二六年にソヴィエトとの間で調印した不可侵条約は、リトアニア政府の内外政策に対する国内の批判を促した。民族主義者は、隣国ポーランドの政治家ピウスツキが議会の軍事費削減に反対して起こしたクーデターに敏感に反応した。この左翼への傾倒を恐れたクーデターは、リトアニアでも起きた。クーデターは、戦前リトアニア国家の形成を求める会議の議長を務めたスメトナに近い筋の、カウナスの町の若い軍将校たちによって、共産主義の陰謀から共和国を守るとして進められた。グリニウス大統領はヴォルデマラスを首相に指名させられて辞任し、議会セイマスで人民党、社会民主党の議員が会議をボイコットするなか、スメトナが大統領に選ばれた。一九二七年春には、議会セイマスは解散した。キリスト教民主党の反対党で、リトアニア人にだけ開かれた政党「タウティニンカス（民族連合）」の指導者スメトナは、「鉄の狼《おおかみ》」組織の援助を得て権力を握ろうと試みたヴォルデマラスを一九二九年九月に駆逐し、スメトナによる独裁が始まった。一九二八年に採択された新憲法では、大統領はもはや議会セイマスでは選出されず、国民の「特別代表」によって選ばれることになった。スメトナは一九三一年、三八年と再選された。

エストニアでは、一九三〇年代初めに、退役軍人の連合から生まれた「自由闘志協会」が、国民の間に幅広い支持を得、それが作成した新憲法が一九三三年一〇月国民投票で承認された（七二・七％を獲得）。この新憲法で、議会の役割は減少し、大統領の権限が拡大された。このため、一九三四年三月一二日、新憲法で「自由闘志協会」が権力を握るのを阻止するため、パッツ首相とライドネル将軍が非常事態を宣言、「自由闘志協会」の指導者を逮捕、議会を解散した。このとき以後、エストニアは大統領による統治が継続された。

ラトヴィアでは、極右、極左の二極化の状況が進んでいた。そこでは、親ファシストの「雷十字」を含むさまざまな組織が、独裁体制を求める声を高めた。K・ウルマニス首相と防衛大臣バルォディスは、「アイズサルギ（防衛連盟）」の支援を得て非常事態を宣言、一九三四年五月一五日、権力を掌握、議会を解散し、すべての政党を禁止した。ウルマニスは彼の体制を国民投票によって合法化せず、大統領と首相を兼任し、「強いラトヴィア人のラトヴィア」の政策を進めた。また、経済への国家介入による経済的発展を目指した。

こうして三つの国で独裁体制が成立したものの、民主主義的諸権利を必ずしも完全に否定するものではなかったと、亡命系の研究者は語る。政治囚の数は多くなく、禁止政党の指導者も虐待されることはなかったようだ。だが、全般として民族主義的傾向を強めていったことは明らかであり、それをもっとも体現したのがラトヴィアのウルマニスであった。

文化の発展

文化の面に目を向けると、権威主義体制の時期は、独立以来始まっていた民族文化の発展を支援し、文学、芸術、音楽などがさらに花開いていった時期であった。亡命した人々が、豊かな充実した時代だったと語るのをしばしば耳にすると、亡命神話であることを差し引いて聞いても、文化面での発展は想像できる。独立以来、学校の数も増え、自分たちの言語での高等教育も可能となっていたのである。エストニアでは、かつてドイツ語名ドルパト、さらにロシア語名でユリエフと呼ばれていた大学が、タルト大学となった。ラトヴィアでは、リーガ・ポリテクニック大学は総合大学となった。リトアニアの伝統あるヴィリニュス大学はポーランドの管轄下にあったため、一九二二年にカウナスに新たな大学（後のミンダウガス大学）が創設された。

三　独立国家の崩壊

権威主義体制が三国で成立した一九三四年までに、ヴェルサイユ条約や中部ヨーロッパの安全を保障するロカルノ条約で構築された第一次世界大戦後の秩序は、完全に侵食されていた。バルト三国の独立そのものの基盤であったヴェルサイユ体制の崩壊は、国家の存続に脅威を与えるものであった。一九二九年の世界大恐慌による経済的危機、戦後秩序に挑戦する新たな勢力の台頭は、新しい国家、エストニア、ラトヴィア、リトアニアの国際環境を大きく変えることとなった。実際、バルト三国は、集団的安全保障としてフランスから提示された東欧の安全保障を意図した東方ロカルノ構想の域内に含まれていた。だが、この東方ロカルノ構想による集団的安全保障は成立しなかった。

国際環境とバルト三国

一九二〇年代、バルト諸国との貿易関係を構築していた英・独は、大恐慌後の不況を乗り切るために、バルト三国をそれぞれ自国の経済ブロックに取り込もうとした。さらにそれを経済面だけでなく政治面にも拡大しようとしたのが、ドイツであった。

しかし、独立を達成したばかりの三国は、独自の外交に目が向いていた。一九二〇年代初めには、バルト地域の地域協力構想の実現に向けて努力された。特にこれに積極的な関心を寄せて取り組んでいたのは、ラトヴィアのメイローヴィッツ外相であった。しかし、その努力もリトアニアとポーランドとの係争が大きな阻害要因となった。そのわずかな成果が、一九二三年にエストニア、ラトヴィア間に結ばれた防衛条約であった。

戦間期を通じて、リトアニアとラトヴィアはドイツに、エストニアはソ連により強い脅威感を抱いていたようである。一九二六年に、リトアニアは国防予算の削減のためもあって、ソ連との不可侵条約の締結に踏み切った。エストニア、ラトヴィアも一九三二年にはソ連と不可侵条約を締結した。一九三三年一月にヒトラーが政権につくと、ナチス・ドイツの東方政策は方向を変え始め、脅威感を高めたバルト三国は、翌三四年「バルト三国間相互了解および協力条約（「バルト協商」）」の調印にいたった。

三国とも、対外的には中立の道を目指そうとした。だが、一九三〇年代後半になると、三国を取り巻く情勢は次第に重苦しいものになってきた。スウェーデンにならって、一九三八年（リトアニアは一九三九年初め）に中立法が三国で採択されたものの、バルト三国の指導者たちは、ドイツとソ連との影響の中で巧みなバランスを取ることに腐心せざるをえなかった。これはまた、独立を達成したときのやり方でもあった。それでも中立を維持しようとする三国の政策は、イギリスやソ連によってドイツ寄りと非難された。英・ソ連は、ドイツに対抗する集団的安全保障（東方ロカルノ構想）にバルト三国も参加させようとしていたからである。

ポーランドに対するドイツの関心から、一九三九年三月にはリトアニアはドイツとの不可侵条約を締結し、一九二三年にドイツ領からリトアニア領に移っていたクライペダが再びドイツ領となった。さらに、ドイツは対ポーランド軍事同盟をリトアニアに提案したが、これに関しては、リトアニアは強く拒否した。リトアニアでは、ドイツからの経済的影響もいっそう高まった。六月になると、エストニア、ラトヴィアもドイツとの不可侵条約に調印した。

一九一九年にバルト三国を直接支援した経験をもつイギリスは、フランスとともに東方に押し寄せるドイツの脅威に対して、軍事派遣団をソ連に送りつけたが、この派遣団は失敗に終わった。一九三九年夏のことである。

他方、ソ連は東方で勃発した満州事変（一九三一年）以後、日本の脅威にさらされており、西方国境の安全保障の強化に強い関心を示してきた。一九三四年に国際連盟に加盟すると、集団的安全保障の道を積極的に目指していた。だが、一九三八年のミュンヘン協定によって、英・仏を含む集団的安全保障に危惧《きぐ》を抱くようになったソ連は、ドイツとの不可侵条約に踏み切った。一九三九年八月二三日のことである。

九月一日には、ドイツ軍のポーランド侵攻が始まった。続いて三日、イギリス、フランスがドイツに宣戦を布告し、戦争は世界大戦への道をたどり始めた。

この独ソ不可侵条約には、付属の秘密議定書があった。そこには、バルト諸国（フィンランドも含まれていた）に対するドイツとソ連との影響圏の境界が、リトアニアの北境界線におかれることが取り決められていた。さらに九月二八日には追加議定書が調印され、リトアニアもソ連の影響圏におかれることになった。ポーランドの一部がドイツに引き渡されることに代わるものとしてであった。

バルト三国政府が、秘密議定書をどの程度知っていたかは明らかではない。だが、少なくとも約六万五〇〇〇人ものドイツ人が、一九三九年の終わりにはラトヴィア、エストニアから本国ドイツへ一斉に帰還させられる様子を目《ま》の当たりに見ていたわけである。このような動向は、バルト三国の人々にとって事態は重大であることを伝えるに十分であっただろう。

密約のうわさはすでに八月にはあったらしい。

第二次世界大戦が始まると、バルト三国は西欧諸国との貿易を中断され、新しい販路を見つける必要に迫られてきた。一九三九年一二月から一九四〇年四月の間に、三国は、ドイツと通商条約の締結をした。この条約では、バルト三国からの輸出の約七〇％をドイツが購入することになるはずであった。実際の数字はもっと低く、たとえば一九四〇年五月にドイツはエストニアの輸出の五三％、一月から五月までで四二％を受け入れていたようである。

以下、時間を追ってバルト三国の推移を追ってみる。

一九三九年

九月一九日　ソ連外相モロトフはエストニア大使を召還し、エストニア政府がその沿岸を守ることができないので、ソ連のバルト艦隊がこの任務を引き受けるだろうと伝言。

九月二五日　モロトフはエストニア領内にソ連軍を駐留させるというソ連・エストニア間の軍事同盟、つまり、防衛・相互援助条約の即時締結を要求。

九月二八日　エストニア政府は五〇〇〇人のソ連軍がエストニアに駐留するというこの条約に合意。同日、ソ連軍がエストニア内へ。

一〇月五日　ラトヴィアはソ連と相互援助条約締結。

一〇月一〇日　リトアニアはソ連と相互援助条約締結、ヴィリニュスをリトアニア領へ。

三国政府の政策は、ソ連との良好な関係を維持すること、国際政治状況が改善されるまでソ連駐留軍との事件を避けることにあった。これは列強からの支援を得るための時間かせぎでもあった。バルトの独立はもともとドイツとソヴィエト・ロシアとの衝突によって可能となったので、ドイツが三国の中に駐留するソ連軍の存在を支持している限り、当面動きがとれない。さらに、ソ連の要求を拒否したフィンランドが、一一月三〇日、ソ連軍による攻撃にさらされた。一九四〇年三月一二日には、冬戦争は終わりフィンランドはカレリア地峡をソ連に譲渡した。冬戦争の経過は、事態の改善を西欧諸国には期待できないことを確信させた。一方で、ドイツは西部戦線でフランスと戦っていた。

一九三九年一二月、一九四〇年三月に、バルト三国間で外相会談がもたれていた。だが、事態の打開のためのなんら具体的な対応策は出てこなかった。危機は迫っていた。一九四〇年五月一七日、ザリンシュ在英ラトヴィア大使に全権が渡された。また、五月三〇日、元外相のロゾライティス在伊リトアニア大使にも全権が渡された。エストニア、ラトヴィアからは金が米・英へ送られ、エストニアからは秘密文書の一部が在スウェーデンの代表団へと送り出された。

すでに三月には、バルト三国での共産主義者の地下活動が活発化していた。おそらく、ソ連はそれよりも前にバルト三国の完全占領を決定していただろうといわれている。

一九四〇年

五月二五日　リトアニア政府へ、ソ連から二人のソ連人誘拐についての非難文書。リトアニア政府は、ソ連軍兵の代表も含む臨時調査委員会を提案すると同時に、二人を徹底的に探す命令を出す。ソ連側からの反応はなし。
五月三〇日　ソ連はリトアニア当局からの申し立てについてのコミュニケを発表。リトアニアのウルブシス外相、直接交渉で事態を解決するためモスクワへ。モロトフは、リトアニアのメルキス首相とだけ事件を議論すると発言。
六月七日　メルキス首相、モスクワへ。メルキス首相との二回の会談で、モロトフはリトアニア内務相ならびに安全保障課長を反ソヴィエト的態度と厳しく非難。首相自身に対しても、バルト協商をソ連に対抗する軍事同盟に変えたと非難。
六月一四日真夜中　メルキス首相、モスクワにとどまっているウルブシス外相に事態を収拾するための最後通牒《つうちょう》を出す。

緊急リトアニア内閣委員会は、ソ連の要求を満たすことを決定。メルキス首相はソ連の意向に従い辞任。ラシュティキス将軍に新政府の組閣を依頼。二～三時間後、クレムリンは拒否。モスクワにいるウルブシス外相から、ソ連副外務委員デカノーゾフが特使としてリトアニアに派遣され、新内閣の組閣を指揮すると伝えてきた。スメトナは国を離れた。ソ連軍がリトアニアになだれ込んできた。

六月一五日　ドイツ、パリを占領。

六月一六日　モロトフ・ソ連外相は、同様の覚書をラトヴィア、エストニアに送付。バルト協商が反ソヴィエト同盟に移行していると非難。モロトフの覚書は、ソ連との条約を遂行できる政府の組閣と、無制限の追加ソ連軍、海軍部隊の導入を要求する。それぞれの最後通牒は、六～八時間の時間的猶予を与える。

六月一七日　ラトヴィア、エストニアも、ソ連の要求を受け入れる。ソ連軍が両国に入ってきた。ラトヴィアへの特使ヴィシンスキとエストニアへの特使ジュダノフが、ソ連軍をともなって親ソ連政府組閣のために到着する。

六月一八日　バルト三国すべて、ソ連による占領が完了。

第八章　ソ連邦下の三つの共和国として

一　占領と編入――第二次世界大戦下のバルト地域

一九四〇年の春、世界の目は、ナチス・ドイツによってデンマーク、ノルウェー、フランスが次々と占領されたことに向けられていた。前年の三九年九―一〇月にバルト三国に強いて締結させた相互援助条約を口実に、ソ連はこれを好機と西方への進出に本格的に乗り出し、六月一九日までに、三国は完全にソ連の占領下におかれた。ウルマニス・ラトヴィア大統領、パッツ・エストニア大統領は、他の閣僚などとともにソ連国内に強制連行された。スメトナ・リトアニア大統領だけは脱出に成功し、アメリカで一九四四年に亡くなっている。

ソ連による三国の占領は、同時期、同手法で実行された。最初に行なわれたのは三国の共産党を合法化し、すでに存在する他の政党を禁止することであった。七月までに、多くの非共産党員は追放され、政府の大多数が共産主義者によって占められた。七月一一―一二日、一八―一九日には、彼らが反共産主義者とみなす人々を大量に逮捕し、非共産主義者を除外した単一候補者名簿による選挙が実施された。この選挙の結果、七月二一日（―二二日）に新しく選出された人民議会がソヴィエト共和国を宣言し、ソ連邦への加盟要求を採択した。これは八月にソ連最高会議で承認された。バルト三国の独立が崩壊したことに対して、欧州列強はほとんど反応しなかった。七月二三日、米国務省がバルト三国のソ連への編入の承認拒否を発表しただけである。

戦間期、三国で共産党は禁止されていたため、地下活動をしていた共産主義者の数はきわめて限られたものであった。ソ連のデータによると、バルトの共産党員の数は少なく、一九四〇年にリトアニアで一五〇〇人、ラトヴィアでは一〇〇〇人以下、エストニアではわずか一三三人であった。また、戦間期にソ連へ亡命していたバルト三国出身の共産主義者の多くは、一九三〇年代の粛清で消えていた。三国で設置された共産党政権を担うために、またバルト三国のソヴィエト化のために、ソ連から共産主義者がやってきた。

他方、一九四一年六月、多くのバルトの人々が、ソ連奥地の強制収容所に追放されていた。

ナチス・ドイツ軍がバルト海東南岸地域に侵攻してくる前の週のことであった。六月一三―一四日にかけて始まった大規模な強制移住の対象となったのは、政府関係者、知識人、文化人、政治エリートが中心であったが、多くの聖職者も含まれていた。わずか数日の間に、約二万人のラトヴィア人、一万人のエストニア人、一万八〇〇〇人のリトアニア人が移住を強制された。ロシア北部やシベリアへと送られる道中に亡くなった人も多かったと聞く。

このときの状況について、戦後に著されたソヴィエトの歴史叙述と亡命バルト系の歴史叙述とでは当然のことながら大きく異なっている。

ソ連の構成共和国として「加盟（編入）」が許可されたのは、リトアニア八月三日、ラトヴィア八月五日、エストニア八月六日であった。新しい政府は、ただちにソヴィエト体制の構築に取りかかった。大規模産業、輸送、銀行、住宅、商業の分野での国有化であり、土地はまだ一部人民の所有に残されたが、残りは土地をもたない農民等に分配された。検閲や報道の規制も始まった。ソヴィエト化は、宗教にも及んだ。宗教教育、宗教関係の出版も禁じられ、多くの聖職者は逮捕された。

ナチス・ドイツ軍の占領

強制移住の執行から一週間後の六月二二日に、ナチス・ドイツ軍が独ソ不可侵条約を破って、侵攻してきた（バルバロッサ作戦）。七月一日にはリーガへ、五日にはエストニアにまで達した。ソ連によって占領状態にあったバルト三国の人々は、当初ナチス・ドイツ軍をソ連からの「解放者」として迎えた。こうしてソ連軍に対して立ち上がったバルト三国の人々は、ナチス・ドイツの承認による独立の回復を期待していた。だが、期待は裏切られた。ソ連軍と入れ代わりにナチス・ドイツ軍が占領軍となったのである。ナチス・ドイツ軍の目標は、バルト海東南岸地域にもドイツ人の「レーベンスラウム（生存圏）」をつくることであった。「オストラント（東部地方）」を一つの行政単位とする占領地域を担当したのはバルト・ドイツ人のローゼンベルク東部占領地域担当大臣で、彼はバルト地域をドイツ帝国に併合することを計画していた。

ナチス・ドイツ軍の武装親衛隊に動員されたエストニア人、ラトヴィア人がソ連軍と闘い、また、三万人のリトアニア人は自らソ連軍との戦闘に立ち上がった。一九四四年二月にエストニア国境を脅かすようになったソ連軍を前に、エストニア市民局の局長で、かつては独立戦争復員軍人のプロトファシスト連盟の宣伝係であったマァエの言葉によると、「独立のための新しい戦争」にエストニア人は動員されたという。一方で、ナチス・ドイツ軍による徴兵に抵抗した多くの若者もいた。だが、戦前の政治エリートはすでに強制追放されており、抵抗運動は十分な力を発揮できるほど組織化されていなかった。

ナチス・ドイツ軍の形勢が強まるにつれ、第一次世界大戦時のように西欧列強からの支援を期待して、事実上の独立を求める愛国的活動も現われてきた。リトアニアでは一九四三年末頃には、リトアニア解放最高委員会に抵抗勢力を統一していった。ラトヴィアでの抵抗運動は一九四三年八月にラトヴィア中央会議をつくったが、指導者は逮捕され、一九四四年秋にはドイツへ強制追放されてしまった。エストニアでは、一九四四年春にひそかにエストニア共和国国民委員会が成立したが、指導者の多くはすぐに逮捕されてしまっていた。ナチス・ドイツ軍による逮捕を逃れた一部の人々が臨時エストニア政府の樹立を試みたが、九月にはソ連側によって逮捕されてしまった。

ナチス・ドイツ軍占領下のユダヤ人への迫害は、大きな都市でひどかった。特に、東欧のユダヤ人中心地の一つヴィリニュスでは、多くのユダヤ人がゲットーへ収容された。そして殺されるか、あるいは、ソ連国内へ逃亡したりした。さらに東に逃亡し、日本を経由してアメリカへ逃亡するユダヤ人に日本通過ビザを発行したのが、カウナスにあった日本領事館領事代理の杉原千畝（一九〇〇―八六）であった。一九四一年末までに、リトアニアでは一八万人のユダヤ人が殺されたという。ユダヤ人に対する迫害は、リトアニアにとどまらず、ラトヴィアのリーガ近郊には、数千人のユダヤ人をはじめとする人々が送り込まれたサラスピルス強制収容所も建設された。今は、広い敷地にいくつかのモニュメントが残されている。

ソ連による再占領

再び形勢が逆転して一九四四年初めに西方への侵攻を始めたソ連軍は、九月末までにバルト三国のほとんどの地域を占領するにいたった。このソ連による再占領を目前に、ナチス・ドイツ軍に徴用されていたエストニア人兵士は中立国スウェーデンに逃亡した。ソ連からの執拗《しつよう》なエストニア人兵士引渡し要求に抗しきれなかったスウェーデンは、難民収容所に収容していたエストニア人兵士の引渡しを実行した。これを予知したエストニア人兵士は、引渡しを前に代表者が死をもって抵抗した映像が残っている。これは、NHKで放映されたプログラム「社会主義の世紀」のシリーズの中の第三回「バルトの悲劇」に収録されている痛ましい映像である。死の抵抗にもかかわらずソ連へと連行されたエストニア人兵士たちのその後はわからないが、想像に難くない。冷戦終結後、スウェーデン国王が初めてエストニアを訪問したとき、この当時のスウェーデンの行為について謝罪した。

ナチス・ドイツ軍が現地の住民を徴兵したように、ソ連軍も強制的な動員を行なった。戦争終結までにソ連軍に参加したのは、エストニア人三万人、ラトヴィア人五万人、リトアニア人八万二〇〇〇人にのぼった。すでに一九四〇―四一年のソ連軍の占領を経験した人々の中には、西への脱出を図るものも多く現われた。特に、知識人、富裕層、文化・宗教的リーダーらがこれに含まれていた。他方で、森に逃亡し、ソ連への抵抗を継続するものもいた。彼らは「森の兄弟」と呼ばれ、その数は多いときで人口の〇・五%から一%にも達していた。この抵抗はその後およそ一〇年も続いた。

二　沿バルト三共和国

第二次世界大戦で敗戦国となったドイツは、バルト海の不凍港であるドイツ人の街ケーニヒスベルク（ロシア語名、現カリニングラード）をソ連へ譲渡し、またドイツの東部地域をポーランドに譲渡した。これはポーランドの東部地域がソ連領となったためであり、ポーランドは領土そのものが大きく西へと移動した。ソ連に再編入されたバルト三国でも、このような国境線の移動にともない、エストニアとラトヴィアは東部の地域を失った。エストニアは、ペイプシ湖南北に位置する東部領域とナルヴァ川以東をロシア社会主義連邦共和国（以下ロシア連邦）へ譲渡し、ラトヴィアは、北東部のアブレネ地域をロシア連邦に譲渡し、国土を減らした。一方リトアニアは、ドイツ領クライペダ（メーメル）とポーランド占領下のヴィリニュスの編入が認められ、国土は拡大した。また、リトアニアにあった大規模なユダヤ人社会は、戦争が終わると、ほぼ完全に崩壊してしまっていた。

第2次世界大戦期からの基幹民族構成比の推移（1939—2003年）

（総人口比%）

	エストニア	ラトヴィア	リトアニア
	エストニア人	ラトヴィア人	リトアニア人
1939(戦前国境時)	88.2	75.5	80.6
1939(戦後国境時)	92	77	
1960	74.1	61.7	79.4
1965	70.9	58.8	79.8
1970	68.2	56.8	80.1
1975	65.7	54.5	79.9
1980	64.5	53.5	80.1
1989	61.5	52	79.6
1998	65.3		
2000		58.5	
2003		57.7	83.5

（出典）Misiunas, R. J., Taagepera, R., *The Baltic States—Years of Dependence 1940-1990*, London, 1993 (Revised. 1983), p.353他より作成

第二次世界大戦中のバルト海東南岸地域の被害は甚大で、建物、産業、設備等にとどまらず、とりわけ人的な損失が大きかった。戦争中に人口のおよそ五分の一が失われたといわれている。これは、ヨーロッパ全体を見渡しても、ポーランドと並ぶ最大の人的損失といえよう。国境線の移動以上に、戦争中から戦後にかけての強制移住や政治的動機による西への多数の亡命が、人的損失をいっそう大きくした。これを埋めるべく、特に重工業に必要な労働力を供給するものとして、他のソ連邦構成共和国から多くの移民がやってきた。もちろん、戦間期をソ連で過ごしたエストニア人やラトヴィア人もそこに含まれていたが、その多くはロシア人であった。一九四五—五九年

にラトヴィア社会主義共和国では、五〇万人以上の移民を受け入れた。そのため、一九四五年に共和国人口の八四%を占めていたラトヴィア人の割合が、一九五三年には六〇%に激減した。エストニア社会主義共和国は、一九四五—四七年に約一八万人の移民を受け入れ、一九五〇—五三年には三万人以上の移民の流入があった。そのためエストニアでも、一九四五年初めにエストニア人の割合が九四%であったのが、一九五三年には七二%に減少した。リトアニア社会主義共和国では、一九三九年にロシア人の割合が二・三%であったのが、一九八九年には九・四%に上昇している。

バルト三共和国にとって、これら数字上の移民の数よりも重要な意味をもったのは、ソ連本国から政府関係者、党幹部、工場長、技術者、専門家など、共和国の重要なポストに就くために多くのロシア人が流入してきたことであった。また、一九五三年のスターリンの死後には、シベリアなどのソ連の東部に戦争中強制移住を強いられていた数万人のエストニア人、ラトヴィア人、リトアニア人が解放されて、帰国し始めた。

ロシアからの移民の流入とソヴィエト化

先にも触れたように、バルト三共和国の共産党は、地域の共産党員の占める割合は非常に少なく、多くがロシア人であった。リトアニア共産党は、一九四七年にリトアニア人のわずか一八・四%にすぎず、一九五三年にようやく三八%となった。エストニア共産党は、エストニア人が一九四六年に四八・一%(うち、ソ連から帰国したエストニア人が約二七%)、一九五二年に二一・五%であった。ラトヴィア共産党は、一九四九年に五三%のラトヴィア人がいたが、その半数は亡命先のソ連から帰国した人たちであった。

この流入してきたロシア人とソ連帰りの三国の共産党員によって、戦後のバルト三共和国のソヴィエト化が進められていった。着手された農業の集団化に抵抗してゲリラ活動をしていた人々も、一九五二年頃までにはほとんど消滅し、集団化は完成した。産業の発展も促された。これまで産業基盤の弱かったリトアニアにも投資がなされ、三国はソ連の中央集権的経済体制の中に着々と組み込まれていった。リーガに集中していたラトヴィアの産業は、鉄鋼、農業機械、電気モーター、ディーゼルエンジン等を生産し、エストニアでは、オイル・シェール産業の拡大が図られ、レニングラード(現サンクト・ペテルブルク)への供給のためパイプラインの建設が進められ(一九四八年)、リトアニアでは、軽工業や食品加工業に重点がおかれていた。

ところで、産業化の推進と大規模な移民の流入は、都市への人口集中を促した。すでに、都市への人口の集中がみられていたエストニアとラトヴィアでは、一九四五年以降、それは一段と進んだ。エストニアでは、都市域の住民の割合が、一九四〇年の三三・六%から一九五三年には五四・五%に増加し、特にタリンでは人口は倍増した。ラトヴィアでも、一九三九年の三五%から一九五〇年には五二%に増加している。一方、リトアニアでは都市化の動きは鈍く、都市住民の割合が地方住民を超えるのは、ようやく一九七〇年頃であった。

都市の住民には、労働者としてやってきたロシア語系の移住民が多いという現象がみられた。都市郊外には、ロシア人労働者のためのソヴィエト風なアパートが立ち並んだ。特に産業の中心地でバルト三国最大の都市リーガでは、人口は九〇万人を超えていたが、ロシア人の数がラトヴィア人住民の数を上回るほどであった。

三　中央集権化と停滞

一九五三年にスターリンが亡くなると、ソ連邦全体に広がった「雪解け」の雰囲気は、バルト三共和国でも例外的でなかった。スターリンの後継者として権力を握ったフルシチョフは、バルト三共和国の民族主義には不信感をもっており、中央集権化は政治的にも経済的にも維持された。だが、雪解けは、東ベルリンやポーランド、ハンガリーに変革の兆しを表面化させただけでなく、バルト三共和国の共産党指導者の考えの中にも現われた。産業化やソヴィエト化に歯止めをかけようというものであった。

それは、東欧諸国での動乱に少し遅れて、一九五〇年末、ラトヴィアで始まった。ラトヴィア共産党内で起きた注目すべき議論である。より広範な共和国自治を求めるか、あるいはもっと保守的にモスクワ志向を続けるかという二方向の論争で、前者の指導者がベルクラーヴス（一八八六—一九六二）である。彼は当時リーガの共産党書記でラトヴィア社会主義共和国閣僚会議副議長（一九五六—五八）であった。これに対してこれまで通りのモスクワ志向派を代表したのは、ペルシェ（一八九九—一九八三）であった。彼は、ロシア革命後の一九一八年にラトヴィアを離れてソヴィエト・ロシアに行き、第二次世界大戦中のソ連による占領期にラトヴィアに戻ってきた人物であったから、当然のことながらモスクワに忠実な人物で、イデオロギーの宣伝を担当した。

ベルクラーヴスらはロシア語系移民の流入を制限し、共和国外からの労働力を必要とする産業化を抑制することなどを目指した。ペルシェはロシア人とラトヴィア人の歴史的絆を強調し、地域の民族主義を批判していた。しかし、党内闘争は、一九五九年六月にフルシチョフがリーガを訪問したことで決着がついた。ペルシェがラトヴィア共産党第一書記に任命されたのである。党内の大規模な粛清が始まった。共和国自治を要求してきた人々は「民族共産主義者」と呼ばれて、多くの党員が除名されていった。ベルクラーヴスは、ロシアへ逃げ、ラトヴィア共産党はバルト三国中、もっとも強硬な保守的共産党組織となった。

一方、エストニア、リトアニアでは、一九六〇年代になると次第に共和国出身の共産党員が党の中心となり、ソヴィエト型支配体制が固まっていった。これは政権の長期化にも現われていた。エストニアでは、一九五〇—七八年までケビン（一九〇五—九九）が共産党を指導するという安定ぶりであった。続いて一九八八年までの一〇年間にわたってエストニア共産党を指導したのがヴァイノ（一九二三— ）であった。彼はロシア生まれのエストニア人で、エストニア語を操ることのできない人物であった。

リトアニアでも、政権は安定していた。スニァチュクス（一九〇三—七四）は、戦争前の一九三六年から七四年までという長期間、リトアニア共産党第一書記の地位にあり、スターリン、フルシチョフ、ブレジネフ三代の時代に及んだ。彼はモスクワには忠実ではあったものの、エストニア、ラトヴィアでのようなロシア人の大規模な移民の流入や重工業の導入の阻止にいくらか貢献した。スニァチュクスの後、第一書記の地位に就いたグリシュケヴィツィウス（一九二四—八七）は、亡くなる一九八七年までその職にあった。

共和国の自治を強めるか、モスクワ志向を続けるかで論争をしたラトヴィアでは、ペルシェがラトヴィア共産党第一書記となり、一九六六年にモスクワの政治局メンバーに昇格するまでその任にあった。その後に第一書記になったヴォス（一九一六—九四）も、一九八四年までの在任中、ペルシェにならってモスクワ寄りの政策をとった。ヴォスもラトヴィア人ではあるが、ソ連で育ち一九四五年にラトヴィアに帰還したラトヴィア語のできない指導者であった。彼もまた、後にモスクワに栄転することになる。彼の後を継いだのは、一九八〇年からラトヴィアKGB委員長であったプーゴ（一九三七―九一）だが、彼もまたモスクワ生まれで、リーガ・ポリテクニックを卒業したものの、ソ連内のラトヴィア共産党の流れを汲む人物であった。プーゴも一九八八年にモスクワに栄転する。ソ連内相であった彼は、一九九一年八月一九日のゴルバチョフに対するクーデターに関わり、それが失敗すると自殺した。エストニア、リトアニアの共産党指導者もモスクワに忠実ではあったが、ラトヴィア共産党指導者はそれ以上にモスクワに忠実で、保守的なものであったことが明白である。

バルト三国でのロシア語使用

一九五九年に導入された新教育制度では、ロシア語は授業用語として強制されなくなったが、実際は、バルト共和国の人々にバイリンガルであることが求められた。特に高等教育や専門的職業に就くためには、避けて通れないものであった。というのも、移住してきた多くのロシア語系住民は、ロシア語しか使用しなかったからである。もっともロシア化の進んでいたラトヴィアでは、一九七〇年の統計によると、全ラトヴィア人のほぼ半数がロシア語を話すことができた。ただし、これはバルト海東南岸地域の住民にとって、伝統的なことでもあったことは見逃すことはできない。戦間期の独立時代、知識人、政治家などは、少なくとも三ヵ国語、つまり、母国語、ドイツ語、ロシア語を使いこなした。これに、フランス語や英語が続いていたようだ。文書館で当時の記録を見ると、言語を必要に応じて使い分けていたことがよくわかる。

一九三〇年代末、まだ独立国家であったラトヴィアの首都リーガで、日本の外交官のロシア語研修を行なっていたことは、ここがロシア語の街でもあったことを教えてくれる。後年ソ連大使を務めた新関欽哉、重光晶両氏も、リーガでロシア語研修を受けたのであった。英・米の外交官もしかり。その中には、外務省に勤務し、後にロシア、ソ連通として知られたイギリスの歴史学者E・H・カーや、米国の外交官G・F・ケナンもいたのである。ロシア語劇場などが回想録に登場する。

バルト三国での文化活動

ソ連時代の文化活動はきわめて制約の多いものであった。第二次世界大戦からそれに続くソ連による再占領によって、戦間期に活躍したバルトの多くの芸術家は西側へと亡命していった。ソ連内での芸術活動は、芸術家連盟、作家連盟、作曲家連盟などによって管理される一方で、物質的な保証を得ることができた。だが、その管理の外での活動には、厳しい制約があった。「社会主義リアリズム」の創作活動のみが許されたのである。
一九世紀末以来、エストニア人とラトヴィア人の間で伝統となっていた歌謡（合唱）祭も、ようやく一九六〇年代に再開した。一九五九年七月にラトヴィアのダウガヴピルスで開催された歌謡（合唱）祭には五〇〇〇人が合唱し、七万人がそれに耳を傾けたという。エストニアで開かれた一九六五年の歌謡祭では、二万六〇〇〇人の合唱者と一二万人の聴衆がいた。エストニア人の八人に一人が会場で合唱を聞いたということになる。聴衆は、エストニアの人々にとって非公式の国歌ともいえる「わが故郷はわが愛」の歌を繰り返した。このような状況は、共和国民族にとってはプライドの発露であり、モスクワにとっては受け入れがたいものであった。

社会の特色

ところで、バルト三共和国は、一九六〇年代末には、人口では全ソ連のわずか二・八%を占めるだけであったが、国内総生産では三・六%を生産しており、特に、エストニアやラトヴィアの生活水準は他の共和国の平均をはるかに上回っていた。さらに、エストニアではフィンランドのテレビやラジオを通じて西側の様子を知ることができ、経済的にも国際環境的にもソ連の中でももっとも西欧化された地域であった。これは、戦間期、小国ながらヨーロッパ諸国の一員として国際社会の舞台の上にのり、ヨーロッパ的文化・政治生活を経験していたこともその理由の一つではあった。

バルト三共和国へのソ連からの移民が増加した理由は、職場・住居の保証に加えて、生活水準の高さ、西欧化された社会、そしてリーガやタルトはロシア帝国時代からロシア文化の中心地の一つであり、ロシア語系移民にとって十分魅力のある地域であったからであろう。リトアニアが三国の中ではロシア語系移民の流入が少なかったのは、伝統的にロシア人コミュニティが大きくないこと、また、都市、産業の発展が他の二国と比べて小さかったことがあげられよう。

他方で、バルト三国の人々がソ連内で最低であったのは、出生率であった。理由としては、伝統的な晩婚、一九五五年に合法化された中絶、住宅の問題、高い離婚率(一九七〇年末には、ラトヴィアでは離婚率が五〇%近くまで増加)などをあげることができる。これが共和国内の基幹民族の割合をいっそう減少させ、ロシア化の脅威を生み出していった。これはまた犯罪の増加も引き起こした。

ソヴィエト型支配が安定する中で、反体制派はどのような存在であったのだろうか?

一九五九年に「民族主義的」とベルクラーヴスらの改革派の動きに対して反動のあったラトヴィアは、三国の中でももっともソヴィエト化され抑圧されていた。このためラトヴィア人による反体制派運動は、リトアニアやエストニアほど目立たなかった。人権を唱え、地下出版（サミズダート）を行なうごくわずかの反体制派が存在するくらいであった。一九六八年のチェコスロヴァキアの「プラハの春」に対して、ワルシャワ条約機構軍が出動したことも、反体制派の運動の歯止めになっていたのかもしれない。

エストニア人反体制派の武器は、デモ、地下出版物であり、ソ連と西欧の間にある地の利を生かして国の状況を西側に訴え、注意を喚起することに努めた。

もっとも強力であったのは、リトアニア人であろう。リトアニア人にとって、カトリック教徒であることとリトアニア民族であることは重層的であり、教会の権利と信仰の権利を守ることが大事であった。カトリック運動以外の独立の回復を求める反体制派の活動は、組織的な展開をすることができず、一九世紀末に出版されていた愛国的新聞にちなんだ出版物に、地下活動を託する程度であった。

このような三国での反体制派の運動は、ブレジネフ時代には実質的に連帯することはなかった。おそらく最初に連帯したのは、モロトフ－リッベントロップ条約（独ソ不可侵条約）四〇周年にあたる一九七九年八月二三日ではないだろうか。リトアニア人を中心にしたバルトの活動家のグループが、外国政府、ソ連、国連事務総長に向けて独ソ不可侵条約と秘密議定書の公表を要求する一般アピールを送ったときである。

西側諸国で、石油危機や経済停滞が叫ばれていた当時、東側ブロックは強固に維持されており、シベリアでの石油の新たな採掘はソ連経済に大きな刺激となった。そして、まだ一五万人以上のソ連軍将校、兵士が沿バルト三共和国にいた。

カレール＝ダンコースは『崩壊した帝国』の中で一九七〇年代末のソ連の状況を分析したが、その内容はかなりの衝撃を与えるものであった。というのも、バルトの諸民族は消滅の可能性のある民族として分類されていたからである。次の章で、その実情をみてみよう。

第九章　「歌とともに闘う革命」と独立への道

一　民主化への道と三国の連帯

一九七八年にカレール＝ダンコースは、一九七〇年代末のソ連の停滞期の状況について著した『崩壊した帝国』（邦訳一九八一年）の中で、バルト諸民族を次のように分類し、結論づけていることは、実に興味深い。ロシア史研究家オコナーも注目している。

一九七〇年代末のバルト三共和国の基幹民族の中でも、特にエストニア人やラトヴィア人は、民族としての存続すら危うい、とカレール＝ダンコースは指摘しているのである。エストニア人、ラトヴィア人は、「きわめて高度の民族意識をもっていながら、状況によって衰弱するよう、いや消滅するよう、余儀なくされている諸民族」に分類されていた。さらに彼女は続けて、「迫りくる運命を前に、バルト諸民族は、彼らのあいだの連帯を発展させることでこれに対応することすらできないようである」、そして「この地帯こそは、あらゆる点からみて、ソ連のなかで最も近代的で、最も外部の影響を受けた、しかも最もソビエト化されていない部分なのであるが、こうした要因のどれ一つとして、バルト人たちの民族絶滅へ向っての歩みをとどめることはできないように見える」としている。だが、カレール＝ダンコースの予測に反して、彼らはそれから一〇余年後には、独立国家を回復させたのである。

カレール＝ダンコースがこのような分析をした背景には、どのような事情があったのだろうか？　バルト諸民族が、彼女の予測に反して、その後一〇年あまりで民族を消滅させるどころか、独立国家を回復させるにいたった背景に、国際政治上のダイナミズム、つまり、東西の対立と冷戦の終結という大きな舞台があったことは確かだが、果たしてそれだけがバルト諸民族の演じる場だったのだろうか？　バルト諸民族が、ソ連の社会主義共和国に住む主体的な人々として登場してくる過程で、彼女の予測に反して連帯が生まれていったのである。

この三国間の連帯と民主化運動がどのように展開されていったのかを中心にみてみよう。

出生率の低下にみる危機

表1　バルト三国の人口増加1950―79年（1000人につき）

	エストニア		ラトヴィア		リトアニア	
	自然増加	移民	自然増加	移民	自然増加	移民
1950－54	5.6	6.6	9.3	3.9	28.3	－20.6
1975－79	4.4	4.9	3.7	9.1	18.8	6.2

（出典）　Misiunas, R. J., Taagepera, R., *The Baltic States—Years of Dependence 1940-1990*, London, 1993 (Revised. 1983), p. 368より作成

まず、一九七〇年代末にバルト三国の人々が直面していた物理的な危機から考えてみよう。それはバルト三国に固有の問題であり、共和国の住民の民族構成がそれを語ってくれる。

前章でも述べたように、第二次世界大戦後には、戦争中の人的損失を補うように、ロシア語系の住民が特にエストニア、ラトヴィアに多数流入し、それまでの住民の民族構成を大きく変えた。加えて、深刻であったのが出生率の低下であった。一九八〇年には、人口一〇〇〇人につきエストニアで一五人、ラトヴィアで一四人、リトアニアでは一五・一人と、一九四〇年と比較すると（それぞれ一六・一人、一九・三人、二三人）いずれも低下している。また、ソ連全体の一九八〇年の出生率一八・三人（一九四〇年には三一・二人）と比べてもかなり低い。一方で、死亡率（一九八〇年）は、それぞれ一二・三人、一二・七人、一〇・五人（ソ連全体では一〇・三人）であり、エストニア、ラトヴィアの人口の自然増加は横ばい状態となっていた。このため、バルト三共和国の基幹民族の総人口に占める割合が低下しており、表1と表2が示しているように、特にラトヴィアでこの傾向が著しかった

表2　バルト三国の民族構成（%）

	エストニア			
	1934	1959	1970	1989
エストニア人	88.2	74.6	68.2	61.5
ロシア人	8.2	20.1	24.7	30.3
ドイツ人・スウェーデン人	2.2	0	0	0
ウクライナ人・ベラルーシ人	—	3	3.7	4.9

	ラトヴィア			
	1939	1959	1979	1989
ラトヴィア人	75.5	62	53.7	52
ロシア人	10.6	26.6	32.8	34
ドイツ人	3.2	0.1	0.1	0.1
ユダヤ人	4.8	1.8	1.1	0.9
ポーランド人	2.5	2.9	2.5	2.3
ウクライナ人・ベラルーシ人	1.4	4.3	7.2	8
リトアニア人	1.2	1.5	1.5	1.3

	リトアニア			
	1923	1959	1970	1989
リトアニア人	69.2	79.3	80.1	79.6
ポーランド人	15.3	8.5	7.7	7
ロシア人	2.5	8.5	8.6	9.4
ユダヤ人	8.3	0.9	0.8	0.3
その他(主に，ベラルーシ人)	4.4	2.8	2.8	3.7

（出典）Lieven, A., *The Baltic Revolution: Estonia, Latvia, Lithuania and the Path to Independence,* New Haven and London: Yale University Press, 1993, pp. 432-434ページより作成

ことが理解できる。

とりわけ、都市でのロシア語系人口の増加が顕著である。たとえば、ラトヴィアの首都リーガでは、ウクライナ人、ベラルーシ人も含むロシア語系住民は、ラトヴィア人の三六・五%（一九八九年）に対して、六〇%以上を占めているのである。ラトヴィアの主要な七都市

では、東部のダウガヴピルス（ロシア語系住民八七％）からリーガ近郊の有名な保養地ユルマラ（同五三％）まで、ロシア語系住民はすべて多数派を占めていた。また、エストニアでは、東のロシア共和国との国境にある東部のナルヴァでは九四％、同じ東部の工業地域コフトラ・ヤルヴェでも六五％とロシア語系住民が東部地域に集中している。このように共和国で基幹民族が少数派になるのではという危惧から、ソ連時代最後の国勢調査が実施された一九八九年に、ラトヴィアでのラトヴィア人の人口がかろうじて過半数を維持しているという結果に、調査の数字は操作されたといううわさが飛び交ったぐらいである。

出生率の低下の背景には、伝統的な晩婚、多い離婚、悪い住宅条件など社会問題もあげられる。リトアニアが他の二国と比べて高い出生率を維持しているのは、ソ連時代には宗教が認められていなかったとはいえ、カトリックの文化土壌によるものであろう。しかし、そのリトアニアでも人口の自然増加は明らかに大きく下降している。

環境保護運動から革改運動へ

次に指摘したいのは環境問題の浮上である。これはバルト固有の問題ではなく、沿バルト海地域全体の共通の問題であり、またソ連邦全体とも共通するものであった。

ラトヴィアで計画されていた大河ダウガヴァの水力発電所建設をめぐって起きた反対運動

の結果、一九八七年一一月に建設中止となった。このきっかけをつくったのは、前年の八六年一〇月一七日付けラトヴィア語週刊新聞『文学と芸術』に掲載されたイーヴァンス（後の人民戦線議長）とスニプスの両人の投稿記事であった。その反響は途方もなく大きかった。約七〇〇〇通の投書（署名数三万人）があった。これは、バルト三国の人々にとって民主化への大きな一歩となった。この背景には、一九八六年春のチェルノブイリでの未曾有《みぞう》の原発事故の発生と、シベリアでの河川プロジェクトが同年夏に中止されたことがある。ソ連邦内での民主化を求める運動が、知識人を中心に環境問題から出発したのであった。エストニアでは東部に集中しているリン鉱石採掘プロジェクトへの反対運動が起きた。もしこれが実現すれば、環境破壊だけでなく、ますます多くのロシア語系労働者の移入が起こりうるからであった。一九八八年春、リトアニアでは、首都ヴィリニュスからわずか八〇キロメートルはなれたイグナリナにあるチェルノブイリ型原子力発電所の拡大計画に対する反対運動に多くの大衆が参加した。

こうした人々の動きは、バルト海を汚染から守る集会、歴史的建造物の保護運動など、ソ連邦内の動きと並行していた。注目すべきは、冷戦終結前の一九八八年に、汚染が深刻な沿バルト海地域のスカンディナヴィア半島側とソ連側のバルト三国で、バルト海を人の輪で囲む抗議が、ささやかではあったが行なわれたことである。

このようなソ連当局に対する抵抗は、政治的な側面もみせるようになっていた。ラトヴィアでは、一九八七年に小規模な人権グループ「ヘルシンキ八六」(一九八六年、リアパーヤの労働者グループが設立)の呼びかけで、「カレンダー・デモ」が実施された。一九四一年にバルト三国から最初にソ連奥地へと多数の強制追放(住民の約一%が連行されたといわれている)が行なわれた六月一四日、一九三九年の独ソ不可侵条約が締結された八月二三日、一九一八年のラトヴィア共和国が独立を宣言した一一月一八日に、人々はリーガを中心に集まった。「カレンダー・デモ」は翌年も続いた。この時期、三国の中で改革のイニシアティヴをとっていたのは、ラトヴィアであった。

一九八八年になると、イニシアティヴはエストニアの手に移っていった。この時期、エストニアはソ連で進められていたペレストロイカ(改革)のリトマス試験紙といわれており、民族旗の合法化、民族語の公用語化、経済的自立を打ち出していた。すでに多数生まれていたさまざまな運動グループを結びつけるものとして、人民戦線が成立した。成立の発端は、エストニアの哲学者サヴィサール(一九五〇―　)がテレビ番組「もっと語ろう」で行なった提案であった。彼は、市民のイニシアティヴでゴルバチョフの改革路線を支援する組織をつくろうと提案した。その年の秋までにエストニア、ラトヴィア、リトアニアで人民戦線組織が成立した。リトアニアでは、「サユーディス(運動)」と呼ばれた。この人民戦線組織の成立が重要であるのは、バルト三国間の連帯を生み出していったからである。改革を求める動きは活発に、そして加速度的に進展し始めた。

一九八八年の夏、エストニアの首都タリン郊外の野外音楽堂は二五万人以上の人々の熱気であふれかえった。一九世紀後半から続く長い伝統をもつ歌謡祭に使われてきた会場に集まった人々が、民主化を求めるスローガンや独立の回復を求めるスローガンを掲げて、伝統的な歌を歌った。それは、「歌とともに闘う革命」と呼ばれた。

変革の兆しは、共産党内部にもみられた。一九八八年は、三共和国の指導者層が保守派から改革派へと代わった年でもあった。エストニアでは、六月にヴァイノに代わって共産党第一書記になったのは、穏健改革派でゴルバチョフとともに党幹部学校で学び、駐ヴェネズエラ兼ニカラグアのソ連大使であったヴァルヤス（一九三一—　）である。ラトヴィアでは、一〇月にモスクワに移ったプーゴからヴァグリス（一九三〇—　）に代わった。ヴァルヤスもヴァグリスもともに地元生まれの民族言語を母語とする共産党員である。リトアニアでも、一〇月に保守的なソンガイラ（一九二九—？）に代わって、ブラザウスカス（一九三二—　）が第一書記として登場した。

バルト三国の改革運動は、民衆運動レベルの人民戦線だけでなく、指導層にも波及し、三国間の協力による改革が始まった。他方で、独立国家の再建を求める急進的なグループは、民族独立運動組織を成立させていった。エストニア民族独立党、ラトヴィア民族独立運動、リトアニア自由同盟である。

二　バルト三国の改革から自立へ

一九七〇年代末のソ連全体の経済的停滞は、深刻な様相を呈していた。これにさらに足枷となっていたのが、七九年一二月にソ連が始めた南に隣接するアフガニスタンへの侵攻であった。ソ連のブレジネフ書記長による長期政権が生み出した構造的な経済危機に対して、続くアンドロポフ、チェルネンコ両書記長の短期政権では抜本的な改革などなされなかった。これに本格的に手をつけようとしたのが、一九八五年に書記長となったゴルバチョフであった。だが、経済的な危機とそれにともなう不安定な社会の状況に追い討ちをかけたのが、書記長就任の翌年の八六年四月に起きたチェルノブイリ原子力発電所の惨事であった。ゴルバチョフの改革は、いっそう急務となった。市場経済化、民主化、「新思考」の外交政策が進められ、「ペレストロイカ」のスローガンが声高に伝わってきた。その改革の動きの一つが、一九八九年三月に実施されたソ連邦人民代議員選挙であった。

人民戦線の成立

では、バルト三国の民主化運動が、自立運動へ、そして独立回復運動へといつ頃展開していったのだろうか？　環境保護運動で牽引《けんいん》車となったラトヴィアに代わって、エストニアが自立運動を展開していった状況を次にみてみよう。

一九八八年一一月一六日、エストニア社会主義共和国最高会議は、共和国の主権と、主権を侵害するソ連法を拒否することを宣言した。もとより、この宣言は完全独立の回復を主張するものではない。だが、ラトヴィアやリトアニアで民衆の運動が急展開し、共産党がその舵《かじ》取りに苦慮し、党内部で分裂の様相をみせていた当時、エストニアのこの動向は重要であった。三国の中ではいうまでもなく、ソ連内でも、エストニアは改革の先頭を切っていた。

実は、エストニアは前年の一九八七年九月に、大学町タルトでエストニアの経済的自立を要求した。この要求は略して「IME」、エストニア語で「奇跡」という意味である。この要求の中で、人民戦線の成立（エストニア八八年一〇月一―二日、ラトヴィア同月八―九日、リトアニア同月二二―二三日に第一回大会開催）を促したが、その運動の中心に、後のエストニア首相サヴィサールがいた。エストニア共産党はこの要求を拒否したものの、民衆の声を遅ればせながらも反映させていき、その結果が先の八八年一一月、共和国の最高会議での宣言となったのである。そしてエストニア人民戦線は、ソ連の連邦構造の解体要求へと政治的に一歩先を走っていった。

三国の人民戦線組織（リトアニアではサユーディス）は、互いに協力しながら活動を展開するという手法を取っていた。三国の人民戦線組織は、三国の民衆を組織して、大規模な示威行動で、国際社会にバルト三国の要求を訴えた。一九八九年八月二三日、独ソ不可侵条約の締結から五〇年のこの日、この条約の締結に抗議して、およそ一〇〇万から二〇〇万の人々が三国の首都タリン、リーガ、ヴィリニュスを「人間の鎖」で結んだのである。当時の三国の総人口が八〇〇万人弱であったから、少なくとも共和国民の八人に一人がこれに参加したことになる。いや、ロシア語系の住民を除いて考えると、五〜六人に一人が参加した大規模な民衆の参加であった。

ゴルバチョフの改革を支えるソ連内の優等生的存在としてバルト三国の民主化運動を進めてきた人々は、一体、いつ頃から、ソ連邦からの独立回復へとその要求を転換してきたのだろうか？　これは、バルト三国が改革を進めようとすればするほど、ソ連による占領という事態に直面し、そのため改革運動をさらに強固にしていかざるをえないという、ソ連邦内の改革の視点からみれば相反する反応が生じてきたことによる。

環境問題についての議論や抗議の声、あるいは歴史的遺産の保護を求める声の段階では、三国の改革運動はソ連内の運動と問題を共有していた。しかし、他方で、これらの諸問題は、ソ連の枠を超える関心事でもあった。たとえば、一九七〇年代頃から深刻さを増してきたバルト海の汚染は、東西冷戦の鉄のカーテンを東から西へと容赦なく越えていた。先にも述べたように、一九八八年にバルト海を取り巻くスカンディナヴィア半島とソ連側のバルト三国の海岸で人間の輪による抗議行動が実施されたことは、規模の大小ではない重要な意味をもっていた。三国の連帯には、北欧の人々の支持が得られるということである。三国の人民戦線が連帯して民主化運動を進めるようになったのもこの年である。モスクワの改革派も、連邦内の保守派と対抗するにはバルト三国の人民戦線やサユーディスとの連携を重要視していた。そしてまたゴルバチョフも、改革の推進のためには、バルト三国の民族主義的な動向さえ必要としていた。

ラトヴィアが環境問題で改革運動に先鞭《せんべん》をつけ、次にエストニアが民主化運動に拍車をかけた。そして、その次に登場するのがリトアニアであった。リトアニア共産党は、サユーディスの要求に後押しされるように、改革の先頭に躍り出た。この両者の要求を結びつけたのが、ソ連共産党の改革派からはもはや支持を得られず引退を余儀なくされた保守的なソンガイラに代わって、一九八八年一〇月にリトアニア共産党第一書記に就任したブラザウスカスであった。一九八九年秋、筆者がリーガを訪れた際に、ラトヴィア人民戦線に参加している研究者がサユーディスのバッジを胸につけていたことが思い出される。なぜ、ラトヴィア人民戦線ではなくサユーディスのバッジなのかと、ふと疑問に思った。ソ連邦からの分離を視野に入れた、より政治的な要求を掲げ始めていたリトアニアの動きを支持することを、彼は示していたのである。

加速度的に改革を要求する人民戦線組織の運動が展開される一方で、三国内のロシア語系住民も新しい政治的組織を設立して抵抗した。特にエストニア、ラトヴィアでは多くのロシア語系住民は、第二次世界大戦後にこの地域に移住し、共和国のソヴィエト化の中で、共和国言語を身につけることなく、ロシア人としての優越した生活や特権を享受していた。ロシア語系住民にとって、現地の人々による改革運動や民主化運動の進展は、ロシア人の共和国内での特権的立場を危うくするからにほかならなかった。したがって、それに対抗し、ロシア語系住民の間に、一九八八年七月にエストニアでは族際（国際）労働者運動（後に族際運動と呼ばれる）、ラトヴィアでは一〇月にインターフロント（族際戦線）、リトアニアでは一一月にエディンストボ（統一）が成立し、ソ連共産党からの支持を得ていた。だが、それらの活動が共和国内で及ぼすことのできる影響力には限界があった。

三国の運動

では、三国の運動はさらにどんな形で進められたのだろうか？　これら共和国の基幹民族にとって、一九世紀の民族運動以来、自分たちのアイデンティティを規定するもっとも重要なものは言語であった。運動の先頭を走るリトアニアは、一九八八年一一月に、リトアニア最高会議で言語法を採決した。続いて翌八九年一月にエストニアで、五月にラトヴィアで言語法の採決は続いた。たとえば、エストニアでは、これが完全に実行されれば、政府、行政、司法等すべてエストニア語で運営されることになる。実行は、実際には緩やかなものにとどまったのであるが。

次に大きな飛躍をみせたのが、一九八九年三月の、新たにつくられたソ連人民代議員大会の選挙であった。全体としては、共産党が支配的ではあったが、バルト三国の代表に関してみると、リトアニアからは代表四二人のうち、三六人はサユーディスの候補が選出された。バルト三国から選出された人民代議員が、ソ連人民代議員大会の場で、一九三九年の独ソ不可侵条約と一九四〇年のバルト三国のソ連への加盟をめぐって議論を展開することができたことは、三国の運動に大きな意味をもった。七月二〇日、条約調査委員会は、秘密条約が独ソ不可侵条約には存在していたとし、国際法上それを無効とするよう大会に要求したのであった。一九三九年から一九四〇年のバルト三国のソ連への「編入」までの一連の諸事件で、当時三国は協力して対抗することができなかったが、今回は状況は異なった。その協力を調整したのが、人民戦線であった。これを背景に、一九八九年八月二三日の人間の鎖による

「バルトの道」の抗議行動が成立したのであった。人民戦線は、彼らの運動に世界の目を引きつけることに成功した。バルト三国の人々の抗議と協力の大デモンストレーションが、映像や写真を通じて世界に流されたのである。そして一二月に、ソ連人民代議員大会はバルト三国のソ連への「編入」は非合法であるとした。しかし、ゴルバチョフは、依然としてバルト三国が自発的にソ連に加盟したという立場に固執していた。

東欧での変革も始まっていた。ベルリンの壁の崩壊、東欧諸国での革命の成功、冷戦の終結は、バルト三国の今後の可能性を広げたといえよう。一九八九年一二月二〇日、ヴィリニュスで開催されたリトアニア共産党の大会で、ソ連共産党からの自立を圧倒的多数が賛成した。ブラザウスカス率いる改革派に対して、大会参加者少数派（一〇三三人中一六〇人）がソ連共産党との提携を維持し、独自の中央委員会の設置を決めた。

リトアニア共産党も、ラトヴィア共産党のように内部の分裂が始まることになるのだろうか？　だが、まだ流れは独立の回復の要求にまではいたっていなかった。

一九九〇年一月に、リトアニアの状況を懸念したゴルバチョフは、ソ連の改革の足元を固めるつもりで、リトアニア最高会議選挙を前にリトアニアを訪問した。この訪問は結果的に、ゴルバチョフがリトアニアから、ひいてはバルト三国から得ていた彼の改革に対する支持を失わせることとなった。リトアニア人の考えている改革とゴルバチョフの改革の意図には大きなずれが生じていることが、この訪問で明らかとなったからである。「ボタンの掛け違え」ともいわれた。この訪問はまた、ゴルバチョフがソ連邦で大統領制を導入するとともに、複数政党制に移行するということを促した。これらは、一九九〇年三月一三日の憲法の改正によって達成された。ゴルバチョフはソ連邦初代大統領に就任した。だが、まだ独立回復要求の堰《せき》は完全には破られていなかった。

一九九〇年二月二四日から三回にわたって行なわれたリトアニア最高会議の選挙こそが、独立回復へと舵をきったのである。結果は、選ばれた最高会議議員の七五％がサユーディス系であった。最高会議の指導は、リトアニア共産党の手から完全にサユーディスの手に移り、独立のために必要な憲法改正の手続きがとられていった。同年三月一一日、リトアニア最高会議は、「リトアニア国家の主権の行使の回復」を宣言した。リトアニアは、これ以後、主権国家の立場を取っていくが、リトアニアが事実上からも法律上からも完全に主権国家の地位を回復するには、まだ一年以上の時間とリトアニア人の血の犠牲を要したのであった。

三　バルト三国の独立回復への道

一九九〇年三月のリトアニアによる事実上の独立宣言に続いて、エストニア（三月三〇日）、ラトヴィア（五月四日）も独立交渉を始めるという意思を表明した。ゴルバチョフは、その宣言は意味がなく無効としたが、独立問題に関する三国と連邦との交渉は開始された。交渉は表面的に継続して行なわれていたが、実際は進展するどころではなかった。というのも、ゴルバチョフが次第に保守派へと傾斜しており、バルト三国の要求との差は広がるばかりであったからである。これに対して三国は個別交渉ではなく、協力してモスクワとの交渉を進めようとした。一九四〇年の歴史的教訓であろう。これに対してゴルバチョフの政策は、リトアニアには経済制裁で厳しく、ラトヴィアには懐柔政策で対応しようとした。三国間の協力を分断して交渉を進めることで、独立回復の可能性を奪おうとしたのであった。しかし、かえって三国間の協力は強固になり、ゴルバチョフの希望は失われつつあった。

三国の最高会議にとって独立の回復のために必要なことは、ソ連からの承認と国際的承認を得ることであった。そのためには、二〇世紀の歴史的経験を共有する三国が連帯して独立の回復を求めていることが、対外的に重要なパフォーマンスとなった。

まず、ソ連中央政府に対して、三国が連帯して交渉するための基盤作りを始めた。一九九〇年五月に、バルト三国会議が設置された。この背景には、人民戦線とサユーディスの成立以来の連携があったことはいうまでもない。リトアニア最高会議議長はサユーディスの指導者ランズベルギス（一九三二―　）、ラトヴィア最高会議議長はその職にあったゴルブノフス

（一九四二―　）が再選され、エストニア最高会議議長にはリュイテル（一九二八―　）が選出されていた。ラトヴィアで改革派とはいえ、共産党の流れを継承するゴルブノフスが再選されたことは、三国の改革の進度のうえでラトヴィアの位置を示しているといえないだろうか。三国の人民戦線の活動は、三国内でのソ連勢力の駆逐のみならず、ソ連邦崩壊のプロセスに大きな影響を与えた。

リトアニアとモスクワとの対立

三国とソ連中央政府との交渉は暗礁に乗り上げたままであった。リトアニア共産党保守派とモスクワ政府の保守派がゴルバチョフに対していっそう圧力を強めていった。一九九一年一月一一日、親モスクワ政権のグループは、ヴィリニュスでリトアニア共和国政府に対して一連のデモを敢行した。ソ連軍が戦略的に重要な建物を占拠し始めたのに対して、改革派共産主義者でサユーディスの指導者の一人であったプルンスキネ（一九四三―　）首相率いるリトアニア共和国政府は、モスクワにこの事態は緊張した状況を悪化させるだけであると伝えた。重大な局面にさらされたヴィリニュスでは、モスクワとの妥協を求めたプルンスキネが解任された。

政治的な混乱に乗じて、親モスクワ派は、ただちに行動を起こした。一月一二日から一三日にかけての夜に、「民族救済委員会」がリトアニアの権力をとったと主張すると同時に、数千のリトアニア人が取り囲むなか、ソヴィエト軍の落下傘部隊やKGBの特別部隊がヴィリニュスのテレビ塔を攻撃した。この攻撃で、一四人の死者と数百人の負傷者が出た。当時、世界のメディアの目は、ペルシア湾での衝突に向けられていたにもかかわらず、この様子は世界に伝えられた。西側のジャーナリストの存在と世界の世論がリトアニア人への同情を示したことは、強硬派のこれ以上の襲撃を阻止するうえで重要な役割を果たしたといえよう。当時ロシア共和国最高会議議長であったエリツィンが、一三日にタリンを訪問し、エストニアの改革派に対して支持を申し出たことは重要な後押しといえよう。

翌週の二〇日、ラトヴィアのリーガでも同じようなソ連軍による攻撃が起こった。ソ連特殊部隊が内務省の建物を攻撃、数万のラトヴィア人がバリケードを築いて重要な公共の建物を守ろうと通りに集まってきた。この騒乱を撮影しようとしていたカメラマンをはじめ五人のラトヴィア人が死亡した。ラトヴィアでも、ラトヴィア共産党第一書記のルービックス(一九三五—)が率いる「民族救済委員会」が、ラトヴィア族際戦線(インターフロント)の支持によって成立した。これらの事件に抗議してモスクワで起きたデモは、ソ連大統領ゴルバチョフの辞任を要求するものであった。ゴルバチョフが保守派との協調を捨て、共和国の主権についても妥協的な姿勢を示すように方向転換し始めたが、すでに彼に対する人々の信頼は失《う》せていた。

リトアニアでは、二月九日に独立問題に関する国民投票が実施され、九〇％が賛成の票を投じた。三月三日には、エストニア、ラトヴィアでも同様の国民投票が行なわれ、エストニアでは七八％、ラトヴィアでは七四％が賛意を表明した。「連邦の存続を問う」全ソ国民投票が、三月一七日に計画されたが、三国はこれに参加することを拒否した。また、新しい連邦条約がソ連側から提案されたが、その議論そのものへの参加をバルト三国は、グルジア、アルメニア、モルドバとともに拒否した。

交渉に手詰まり状態が続くなか、一九九一年七月二九日に、エリツィン率いるロシア社会主義共和国連邦が、すでに前年の三月に独立を宣言していたリトアニアを承認した。六月の選挙でロシア共和国大統領となっていたエリツィンが独立を支持したことは重要であった。

バルト三国の一九九一年八月クーデター

ソ連邦内の九共和国が参加予定していた新連邦条約は、一九九一年八月二〇日に調印されることになっていた。その直前の八月一九日、モスクワでクーデターが発生し、クリミアで休暇中のゴルバチョフ大統領はソ連保守派によって拘束されてしまった。

この頃、エストニアではどのような動きがあったのだろうか?

八月一八日、KGBからの秘密指令を帯びた特別機がタリンに到着、その日のうちにリーガ、ヴィリニュスにも飛んだ。一九日には、ソ連軍がタリンの港を封鎖。一方、エストニア最高会議はモスクワのクーデターを非難し、ソ連軍によって議会が占拠された場合には、エストニア国防委員会に臨時に権力をゆだねることとした。ソ連軍沿バルト軍管区司令官クズィミンは、電話でリュイテル・エストニア最高会議議長に非常事態宣言を告げ、デモの禁止を命じた。翌二〇日に議会のバリケードを解くようにという要求を伝えられたリュイテルはこれを拒否し、この日の夜遅く、エストニア最高会議はエストニアの独立を決定した。二一日の夕刻、ソ連のクーデターの失敗とともに、ソ連軍は占拠していたタリンのテレビ塔から去った。

この日、前年より独立回復を宣言していたリトアニアがエストニアの独立を承認した。このモスクワでの事件に乗じて、ロシア人が住民の大多数を占めるエストニア北東部で、エストニアの独立宣言に反対を表明する自治体が現われたことは、地域的な意識の格差を明らかにみせつけた。

リトアニアでは、モスクワの騒乱の影響は、ソヴィエト内務省特殊部隊（OMON）によるカウナスのテレビ局占拠で始まった。一月のヴィリニュスでの流血事件以来、ソ連軍の存在はリトアニアの連邦政府に対する対決姿勢を強固に結束させるものであった。ランズベルギス最高会議議長は、クーデターへの非暴力による抵抗を呼びかけたが、主要な建物の占拠は続き、リトアニア最高会議の建物への襲撃で死傷者が出た。だが、クーデターは八月二一日には失敗に終わり、一月の事件以来、中央テレビ、ラジオ局を占拠していたソ連軍も、そこから引き上げた。翌二二日、議会はクーデター協力者の捜査を始める一方で、独立に反対する新聞の発行を禁止した。さらに、二三日、最高会議はKGBや内務省軍のリトアニアからの即時撤退を求め、活動を禁止された保守派リトアニア共産党は、ソ連軍の保護のもとに党本部を去り、二六日には特殊部隊もヴィリニュス郊外のソ連軍基地へと移動した。

ラトヴィアでは状況は異なった展開をみせた。ソ連のクーデターに呼応したラトヴィアでも、テレビ局がソ連軍によって占拠され、負傷者を出した。ラトヴィア政府は、八月一九日、モスクワのクーデターが不法であるとの声明を発表したが、ソ連軍沿バルト軍管区司令官クズィミン将軍は、バルト地域に非常事態宣言を出し、ラトヴィアの主要な道路、橋を封鎖した。内務省特殊部隊とソ連軍落下傘部隊が、リーガで部隊を展開し、保守派のルービックスがクーデターの支持とラトヴィアの権力を手にしたことを宣言した。翌二〇日には、ラジオ局、電話局、人民戦線本部もソ連軍によって占拠された。これに対して、ラトヴィア最高会議は二一日、独立を宣言、これは先に独立の宣言をしていたエストニア、リトアニアから二三日に承認された。モスクワでのクーデターの失敗で、クーデターを支持したラトヴィア共産党は禁止、ルービックスは逮捕された。二四日には、ラトヴィアの独立はロシア共和国からの承認を得た。親モスクワ派とソ連軍を背景にしたラトヴィア内の保守派がリーガで新政府を成立させようと試みたことは、国内の反独立勢力が決して無視できないものであったことを示しているであろう。

第一〇章　独立回復以降のバルト三国

一　地域協力の展開

バルト三国の協力関係は、戦間期の一九三四年、緊迫していた国際環境に強いられるように成立した「バルト協商」を思い出すことができる。この協力関係が成立するまでには、一九一八年に三国が独立を宣言してから一六年の年月を要した。そして協力そのものも、経済、文化、通信の分野などの実務面に限られ、その機能を十分発揮することができないままに、ソ連への「併合」により終焉《しゅうえん》を迎えていた。重要なことは、この地域の「バルト」としての認識が外的なものだけでなく、内的なものへと意識づけられた点であった。すでにソ連時代末期の改革運動では、人民戦線とサユーディスとの運動の間の連帯によって対外的に示された協力する「バルト」の姿勢は、実務面では対ソ連中央政府との交渉に、理念においては国際社会へ、とりわけ欧米諸国へ向けてメッセージを発する基盤として利用されてきた。

三共和国政府間の協力は、一九九〇年五月に三国の共和国最高会議議長、首相、外相からなるバルト共和国会議が設立され、ここでモスクワとの独立交渉のための調整が行なわれた。九一年八月のモスクワでのクーデターの失敗の機をとらえてただちに独立の宣言をしたエストニア、ラトヴィアを、すでに前年に独立を宣言していたリトアニアが承認するという形で素早い反応も示した。一九九一年九月六日にソ連の国家評議会によって独立を承認されたバルト三国は主権国家として国際社会へ復帰した。

三国共通の課題と協力

三国の協力はもはや必要とされなくなったのだろうか？　実は、これまで以上に三国の協力は重要な役割を果たすことになったのである。というのも、多くの共通の課題を抱えていたからである。

短期的な課題としては、ソ連軍の撤退という問題があった。中長期的な課題としては、経済の復興と、ソ連の脅威、ソ連崩壊後はロシアの脅威から、ヨーロッパの一員として総合的な安全保障を確保することがあった。

当面の三国間の協力目標は、ソ連軍の撤退要求であった。一九九一年一〇月六日から七日にかけてヴィリニュスで開催されたバルト三国会議では、一二月一日までに首都からソ連軍が撤退することを求めた。ソ連との外交関係の再樹立は、一〇月九日にはリトアニアとエストニアが、一一五日にはラトヴィアが文書を交換した。三国間の協力を推進するために、北欧会議がイニシアティヴをとり、それをモデルとしたバルト三国議員会議も一一月八日に設立された。協力の実質的な活動のために、一九九四年六月一三日にはバルト三国会議の傘下にバルト三国閣僚会議が設置された。

ソ連軍を継承するロシア軍の撤退問題を解決するために、三国は共通の立場を調整するとともに、G7や欧州安全保障協力会議(CSCE)に向けてアピールを共同発表していった。ロシア軍がバルト三国から撤退するには年月を要した。ロシアは飛び地カリニングラードの通行問題から、リトアニアとの撤退交渉を早く進めた。そのためリトアニアからロシア軍が完全に撤退したのは九三年八月末になった。ラトヴィア、エストニアはさらに遅れ、九四年八月末まで待たなければならなかった。それ以後も、エストニアではパルディスキ海軍基地の使用が、ラトヴィアではスクルンダの早期哨戒《しょうかい》レーダー基地の使用が継続されたが、CSCE派遣団の監視のもとで最終的に解体が確認された。

二　バルト三国の内政

新たなるバルト三国の国家建設が直面したのは、ソ連時代の遺産を処理するということであった。中央集権的政治・経済体制の再編と、ソ連時代がもたらした社会構造への対応が迫られた。

ラトヴィア

三国の中で、戦前の独立時代の国家にもっともこだわったのがラトヴィアではないだろうか。一九九三年七月、一九二二年二月一五日に公布された憲法を修正なく導入した。一九四〇年六月にソ連に併合される前の段階へ国家制度が復帰したことは、この併合が占領によるものであって、戦前の国家はそのまま継続しているというラトヴィアの立場を明確に内外に示すものであった。比例代表制にもとづき、一八歳以上の国民によって選出される一〇〇人の議員で構成される議会セイマの任期は四年、大統領は議会セイマで選出され、任期は三年であった（一九九七年に改正されて、四年に延長された）。大統領は首相指名の責務がある。

ラトヴィアでは、議会セイマの選挙が実施されるまでに、かなりの時間を要した。というのも、独立宣言によって親モスクワ派は排除されたものの、改革派は、依然として力をもっていた旧来のノーメンクラトゥーラ（ソヴィエト体制のエリート）との協力を避けることはできなかったからである。一九九三年六月の選挙では、多くのロシア語系住民が選挙権をもたない状況のもとで実施された結果、中道穏健派の「ラトヴィアの道」が勝利した。最大政党となった「ラトヴィアの道」は、単独組閣はできず、農民同盟と連立した。ロシア語系住民の国籍取得についての議論が続くなか、翌年の地方選挙では、民族主義諸政党が圧倒的な勝利を獲得した。最大の銀行が倒産した一九九五年の秋の議会セイマ選挙では、新たな中道派の連立（祖国戦線、ラトヴィアの道、新党、ラトヴィア社会民主党とラトヴィア社会民主労働党の同盟）が成立した。

国土も人口も決して大きくないラトヴィアで、公式登録されている政治組織の数が現在四〇以上にのぼるという状況からみても、また、独立回復後、現在まで一一の政府が成立している状況からみても、ラトヴィアが政治的安定から程遠かったことが理解できる。一九九九年にG・ウルマニス（一九三九―　）に代わって大統領となったのは、「ラトヴィアの道」に所属するヴィッチェ＝フライベルガ（一九三七―　）で、彼女はリーガ生まれの亡命系ラトヴィア人である。長くカナダのモントリオール大学教授を務めた。

このような決して安定しているとはいえないラトヴィアを一つにまとめてきたのは、欧州への回帰を求めて、EU、NATO加盟を主要な課題とする外交政策であったといえよう。

リトアニア

ラトヴィアが戦前の憲法をそのまま復活させたのに対して、リトアニアは一九九二年一〇月二五日に国民投票によって新しい憲法を承認した。これまでのリトアニア最高会議に代わる議会セイマスの選挙が行なわれ、サユーディスの指導者であり最高会議議長であったランズベルギスは、経済政策の失敗によって国民からの支持を失った。新たに国民からの支持を獲得したのが経験豊かなブラザウスカスで、彼は共産党の改革派を継承するリトアニア民主労働党党首であった。このような旧共産党系改革派の台頭は、民主主義や経済改革の後退を意味するのではないかと懸念するものも少なくなかったが、これはリトアニアの特殊性ではなく、ポーランドやハンガリーのような東欧の旧共産主義諸国においてもみられる現象であった。リトアニア民主労働党は議会セイマスで一四一議席中七三議席を獲得した。それまでの二年間に五人の首相が登場するという不安定な政治状況は、この新しい内閣の成立で安定に向かった。

一九九三年二月の大統領選では、ブラザウスカスが亡命系の候補者を破って大統領となった。ブラザウスカス大統領にとって主要な課題の一つは、石油を依存しているロシアとの関係を改善することであった。

リトアニア民主労働党の政権は一九九六年一一月まで続き、厳しい移行期を乗り切った。一九九六年の議会セイマス選挙では、七〇議席を獲得した「リトアニア保守党」（サユーディスから分かれて新たに成立）が「故国連合」とともに圧勝した。高福祉と、EU、NATO統合推進キャンペーンが国民に受け入れられたのである。

だが、二〇〇〇年一〇月には、再びリトアニア民主労働党は、五一議席を獲得して連立与党に返り咲いた。独立回復後、現在まで政府は一二を数える。

一九九七年一二月（九八年一月決選投票）の大統領選挙では、亡命系のアダムクス（一九二六―　）が中道派、右派の支持を得て大統領となった。彼はアメリカの環境保護機関の元行政官で、前回の大統領選で敗れた亡命系のロゾライティス（一九二四―　）の選挙参謀であった。彼の役割は、EU、NATOへの加盟を推進することにあった。

二〇〇三年一月にアダムクスを破って新しい大統領となったのは、元首相でヴィリニュス市長であったパクサス（一九五六―　）である。彼はEU、NATO加盟路線の継承と経済改革の推進を期待されていたが、汚職事件の暴露で任期を待たずに罷免されたため、二〇〇四年六月一三日に大統領選挙が実施された。決戦投票にもち込まれた結果、独立回復後の初代首相であったプルンスキネを破って、アダムクスが大統領に返り咲いた。

エストニア

リトアニアが新憲法をつくり、ラトヴィアが戦前の憲法に固執したのに対して、エストニアは中庸をとったといえよう。約二年の議論を経て一九九二年七月に発効した新憲法は、一九三八年の憲法を土台としながらも、民主主義的自由や民族的少数者の保護を強く打ち出したものであった。議会リーギコグは一〇一名で構成され、比例代表制で選出される。

一九九二年九月の議会リーギコグ選挙で、祖国党イサーマ、エストニア民族独立党、穏健党の連立政権が成立した。選出された議員は、全員エストニア人であった。議会リーギコグは、五年の任期の大統領に、祖国党イサーマの外相であったメリ（一九二九―　）を選出した。メリ大統領は、同じ祖国党イサーマの若い党首ラール（一九六〇―　）を首相に指名した。スターリン時代に五年間シベリアに追放されていた経験をもつメリ大統領は、旧体制指導者との関係をもたず、脱ソヴィエト化や自由市場経済を急速に進めることが容易であったといえよう。

一九九五年の議会選挙では、エストニアでも農民諸政党と左派系が勝利するという結果であった。一九九九年には、穏健党と改革党との中道である祖国党イサーマが、右派の連立与党に返り咲いた。現在のリューテル大統領は、独立回復後二人目、政府の数は現在まで七を数える。興味深いのは、一九九二年当時の政党でこの選挙まで存続していたのは非常に少なかったことである。バルト三国の中ではもっとも政治的安定がみられたといえるエストニアでさえ、このような状況であったのである。

三　一九九〇年代の社会・経済的発展と課題

一九九〇年代の社会の発展を考えるうえでもっとも重要なことの一つは、とりわけエストニア、ラトヴィアにおける民族的少数者と市民権の問題であろう。民族的少数者の多くはロシア語系住民である。

エストニアとラトヴィア

エストニアでは国籍法が一九九二年二月に採択された。回復したエストニア国家では、戦前からエストニア共和国に住む民族的ロシア人八万人の市民とその子孫には、自動的に市民権が付与された。自動的に市民権を獲得できない人口の約三〇%を占めていたのが、ロシア語系住民を主とする第二次世界大戦後の移住者とその子孫で、彼らは一九九二年九月に実施された議会リーギコグの選挙で投票できない事態となった。ロシアへの再定住を希望するロシア語系移民に対して、エストニア政府は経済的援助を申し出る一方で、外国人法（一九九三年）によって市民権をもたない住民（ノン・シチズン）には登録が義務づけられた。この結果、ロシア語系住民はエストニアかロシアの国籍取得を目指し始めた。一九九九年の時点で、民族的エストニア人以外の合法的住民の約三〇％がエストニアの市民権を取得し、約二〇％がロシアの市民権を取得していた。残りがノン・シチズンとして残っていたが、急速に帰化の申請が増加し、二〇〇三年には無国籍の住民は約一七万人にまで減少している。

ラトヴィアはエストニアよりさらに、その民族構成からロシア語系住民の問題に注意を払わなければならなかった。一九八九年の国勢調査では、ラトヴィア人は約五二％しかおらず、首都リーガでは、ラトヴィア人はわずか三六・五％を占めているにすぎなかった。エストニア同様、自動的に国籍が与えられたのは、戦前の共和国の市民とその子孫だけであったため、独立回復後最初の議会セイマの選挙では、戦後の移住者であるロシア語系住民は投票できなかった。一九九四年にようやく議会セイマで採択された国籍法で導入されることになった帰化の割り当て制（一年に二〇〇〇人とする）に対して、西欧諸国から強い圧力がかかった。EU加盟を目指すラトヴィアにとってこの件に関しての再考はやむをえないもので、翌九五年に居住年数要件を五年に短縮するなど、制限が緩和された。それ以後、二〇〇二年までに約五万三〇〇〇人が帰化したが、まだ五〇万人以上のロシア語系住民は無国籍の状態にある。

これに関連して、ラトヴィアのロシア語系学校にもラトヴィア語による教育を求めることが決定し、ロシア人の人権を求める団体からは強い抗議が示されている。と同時に、国内でもさまざまな意見が噴出している。

リトアニア

リトアニアは事情が少し異なった。ここでは、現地出身の住民の割合が圧倒的に大きく、ロシア語系住民の脅威はさほど切迫していなかった。したがって、一九八九年にリトアニア最高会議で採択された市民権法は、リトアニアに恒常的に居住している民族的少数者に対しても、申請をすれば自動的に市民権を付与した。ソ連時代に、もともとロシア語系住民が一〇%弱であったため、リトアニアのロシア語系住民は減少し、一九九三年には三〇万人といわれている。

リトアニアの事情が他の二国と異なるもう一つの点は、ポーランド人の存在である。彼らの人口は数字的には約七%であるが、南東部およびヴィリニュス地域に主として住んでいるポーランド人は、第二次世界大戦後に移住したロシア語系住民とは異なり、居住地こそが故郷なのである。というのも、すでに述べてきたように、リトアニア人はポーランド人と共有する歴史があったからである。このほかにも南東部の国境周辺地域には、ベラルーシ人が多く住んでいる。ヴィリニュス周辺地域は、戦間期の独立時代、ポーランドによって占領されていた地域であったことを思い出さなければならない。ポーランド人の多くが、一九八〇年代末から独立回復までのリトアニアとロシアとの対立においてロシア側についたことも、おそらくリトアニア人は記憶にとどめているだろう。他方でポーランド人も、土地の私有化のプロセスで差別されたと感じているらしい。なぜならば、そこは彼らの何世紀にもわたる故郷の地であるからだ。

リトアニアの民族的少数者について付け加えるならば、第二次世界大戦前にはここには多くのユダヤ人が居住していたことである。その約九〇%がホロコーストの犠牲となった。残っていたユダヤ人も、自立化運動が進展するなか、多くが国外へ移住していった。このため、一九九三年にはその数は五〇〇〇人となっている。

経済発展

では、独立回復後の経済発展はどうであっただろうか？　三国とも市場経済への移行プロセスでの痛みを克服しなければならなかったことはいうまでもない。ＮＡＴＯ、ＥＵへの加盟を目指している三国は、経済援助を受けているＩＭＦ（国際通貨基金）のアドバイスに従って経済改革を急速に進めた。一九九〇年代末には、経済改革はある程度成果を上げてきた

貿易相手国

リトアニア	1996		1997		1998		1999		2000	
相手国	輸出(%)	輸入	輸出	輸入	輸出	輸入	輸出	輸入	輸出	輸入
ユーロ地域	25.7	31.5	24	35.4	26.8	36	34.6	35	30.8	32.3
スウェーデン	1.7	3.1	1.9	3.2	2.5	3.7	4.2	3.4	4.4	3.4
デンマーク	2.6	3.8	3.4	4.2	4	3.8	6.2	3.9	4.9	3.1
イギリス	2.8	3.9	3.2	3.3	3.4	3.7	5.1	4.2	7.8	4.5
ロシア	24	25.9	24.5	24.3	16.7	21.1	7	20.1	7.1	27.4
ウクライナ	7.7	2.6	8.8	2	8	1.9	3.7	1.5	4.4	1.5
ベラルーシ	10.2	2.4	10.3	2.4	8.8	2.2	5.9	2.2	2.9	1.8
ラトヴィア	9.2	3.3	8.6	3.4	11.1	1.8	12.8	2	15	1.6
エストニア	2.5	2.2	2.5	2.4	2.6	1.5	2.4	1.5	2.3	1.2
総額(億ドル)	3.4	4.6	3.9	5.6	3.7	5.8	3	4.8	3.8	5.5

(出典) *The Road to the European Union Vol. 2: Estonia, Latvia and Lithuania* (ed. by Vello Pettai and Jan Zielonka) Manchester Univ. Press:Manchester and New York, 2003, p.263より作成

といえよう。もっとも困難な時期は、失業者の増加と、場合によっては一〇〇〇%を超えるほどのインフレに悩まされた一九九二年から九三年であった。一九九二年にエストニアが独自通貨クローン、一九九三年にラトヴィアが独自通貨ラットを導入し、同年リトアニアでも独自通貨リタスを導入、インフレが減少してくるのはようやく一九九四年になってからである。国内総生産(GDP)も一九八九年以来この年初めてプラス成長になった。しかし、この経済発展はそのまま円滑に継続したわけではなかった。

ソ連邦下の共和国時代には国有であった企業、建物、農地の私有化が急速に進められた。しかしながら農村においてはただちに農業生産の増加にはつながらなかった。おそらく、農村部の人々は、農業よりもより高い経済的利益を求め

バルト三国の

エストニア	1996		1997		1998		1999		2000	
相手国	輸出(%)	輸入	輸出	輸入	輸出	輸入	輸出	輸入	輸出	輸入
ユーロ地域	36	53.8	51	51.8	36.7	51	39.7	48.4	45.8	47.4
スウェーデン	13.2	8.8	18.2	10.6	20.8	10.7	22.7	10.7	20.5	9.8
デンマーク	4	2.8	4.1	2.7	4.3	3	4.7	2.8	3.4	2.5
イギリス	3.6	2.9	4.7	3.2	4.8	3.1	5.6	2.6	4.4	2.3
ロシア	14.2	11.2	9.8	8.8	5.9	7.8	3.4	8	2.4	8.5
ラトヴィア	8.2	2	9	2	9.4	2.1	8.3	2.4	7	2.6
リトアニア	5.2	1.5	4.9	1.4	4.4	1.6	3.4	1.8	2.8	1.6
総額(億ドル)	1.8	2.9	2.1	3.5	2.5	3.9	2.4	3.4	3.2	4.3

ラトヴィア	1996		1997		1998		1999		2000	
相手国	輸出(%)	輸入	輸出	輸入	輸出	輸入	輸出	輸入	輸出	輸入
ユーロ地域	23.3	34.5	22.3	38.6	27.6	41	29.3	40.2	30.6	39.4
スウェーデン	6.6	7.9	8.3	7.7	10.3	7.2	10.7	7.2	10.8	6.7
デンマーク	3.7	2.3	3.9	3.5	5.1	3.8	6.1	3.9	5.8	3.6
イギリス	11.1	2.8	14.3	3.3	13.5	3.1	16.4	3.3	17.4	2.7
ロシア	22.8	14.2	21	15.6	12.1	11.8	6.6	10.5	4.2	11.6
エストニア	3.7	5.7	4.2	6	4.5	6.6	4.7	6.4	5.3	6.2
リトアニア	7.4	6.3	7.5	6.4	7.4	6.3	7.5	7.3	7.6	7.6
総額(億ドル)	1.4	2.3	1.7	2.7	1.9	3.2	1.7	2.9	1.9	3.2

ていったのであろう。

一九九五年五月にラトヴィア最大の商業銀行であるバルティヤ銀行が倒産した。このことは、ラトヴィア全体の銀行制度に大きな影響を及ぼした。この年の末に、リトアニアで最大の銀行二行が破産状態に陥り、これはリトアニアのシュレゼヴィチウス（一九四八— ）首相の辞任にも発展した。一九九五年以降、GDPが右肩上がりの成長率を示していたにもかかわらず、一九九八年八月のロシアでおきた金融危機は、バルト三国に影響を及ぼした。だが、三国ともロシア市場への極度の依存からすでに脱皮しており、ロシアにもっとも依存度の高いリトアニアでも、この頃にはドイツやラトヴィアの市場へと切り替わってきていた。もっとも、石油や天然ガスなどのエネルギー資源では、特にリトアニアはロシアに依然として依存しているのが現状である。また、そのロシアの原油、ガソリンを西欧に向けて積み出す中継貿易港となっているラトヴィアのヴェンツピルスは飛躍的な発展を遂げており、国外からの投資に対しても魅力的な都市となってきている。

三国が独立回復当初の苦しい時期を経て、いずれも経済発展を遂げてきていることは確かである。しかし、そこには発展の温度差がみられるように思う。二〇〇二年にJETRO（日本貿易振興会）によって東京で開催されたバルト三国展でも、エストニア、ラトヴィア、リトアニアが展示していた商品をみると、リトアニアのそれは民芸品、お土産の域を出るものではなかったことを思い出す。

社会問題

社会問題として生じたことは、冷戦崩壊後の旧ソ連共和国や東ヨーロッパ諸国と同様であった。暴力犯罪やアルコール依存症の増加、麻薬の濫用、自殺の増加、出生率の低下、平均余命の短縮などである。

環境保護運動から始まったバルト三国の民主化運動であったが、独立回復後の地域の環境問題はどうなったのだろうか？

まず、ソ連時代の負の遺産があった。ソ連時代の産業発展においては、環境についての配慮がほとんどなされていなかった。加えて九〇年代前半に旧ソ連軍が撤退した後の広大な廃《はい》墟《きょ》では、廃棄された多くの有害化学物質の残留による土壌や地下水の汚染は深刻であった。たとえばエストニアの事例をみると、一六平方キロメートルにわたって一センチメートルの石油の層に覆われているところがあった。目下、近隣からの資金援助を受けて、三国ではこのような環境汚染の除去を政府の重要課題として進めてはいるが、依然として産業廃棄物、農薬、肥料による汚染は続いている。

四　バルト三国の外交

独立を回復してからのバルト三国は、「ヨーロッパへの回帰」を目指して、EU、NATOへの加盟交渉を外交の最優先事項として掲げてきたが、この目標は二〇〇四年の加盟の実現によって満たされたことになるのだろうか？　ヨーロッパの機関への加盟は、即ヨーロッパのメンバーになったことであろうか？　バルト三国のおかれた地政学的位置は変わったわけではない。東のロシアの存在の大きさが減ろうはずもない。

二〇〇四年五月一日から、バルト三国は正式にEU加盟国となった。バルト三国は、EUのもっとも東の境界地域に位置することになるのである。ロシアはエストニアとラトヴィアとの国境条約をこれまで批准してこなかったが、EU加盟後は批准に向けて動き出しているようだ。

エストニアとラトヴィアは、原則として一九二〇年のソヴィエト・ロシアとの平和条約にもとづく両国関係を主張している。だが、ラトヴィアのアブレネ地域は、一九四四年にロシア共和国へ移譲された。またエストニアも、一九四五年に二〇〇〇平方キロメートルの土地をロシア共和国へ譲渡した。この件に関して両国は、すでに同地域に多くのロシア人が居住しているという現実があり、ロシアに返還要求をしていない。一九九六年には、エストニアとロシアの間で現状維持の条約案でようやく合意されたものの、調印も批准もされてこなかった。

ラトヴィアとロシアの間では、旧ソ連時代の対ミサイル早期哨戒レーダー基地であったスクルンダの設備の解体については、一九九四年四月に合意に達した。その解体に五年の猶予を認めるというものであった。これによってロシア軍のラトヴィアからの撤退が同年の八月末に完了した。ロシア軍の撤退の見返りとして、バルト諸国は旧ソ連およびロシア軍の数万人の将校に居住許可その他の保証を与えることで合意したのであった。

一方リトアニアは、エストニア、ラトヴィアと異なり、ソ連への併合の結果として領土を損失することはなかった。むしろ一九三九年に、ソ連のお陰でリトアニアはヴィリニュスを取り戻したのである。またリトアニアは、エストニア、ラトヴィアと異なり、ロシア語系住民の数が少ないこと、ロシアと東部国境線を共有していないこと、軍事的な価値も他の二国ほどには重きをおいていないことも、ロシアとの問題が生じにくい背景としてある。むしろロシアにとっては、飛び地カリニングラードへの通行のためにリトアニアとの間に良好な関係を維持することがきわめて重要である。二〇〇四年三月に、バルト三国は第二次拡大によりNATOに加盟した。リトアニアがNATOへ加盟したことで生じるカリニングラードのNATO地域による囲い込みは、ロシアとNATO間での重要な課題となった。

政治的にも、経済的にも、また安全保障の面からもヨーロッパと一体となることを目指してきたバルト三国は、一九九五年にはEUと自由貿易協定を締結した。この協定の締結は相当な熱気で歓迎され、EU加盟実現の可能性をバルト三国側は確信したともいえよう。EU加盟交渉のプロセスで、EU側が提示する基準を満たすために法の整備、社会問題の解決、市民権問題も含めた人権の尊重、国境の画定、市場経済の発展に努めてきた。

一九九〇年代を通して、NATO加盟についても三国の期待は高かった。一九九四年には、

「平和のためのパートナーシップ」プログラムに参加し、NATO軍との合同訓練、演習などへの参加、ボスニア、コソヴォでのNATO平和維持軍にも参加した。一九九九年、NATOは東方の旧ワルシャワ条約機構の国々、つまりポーランド、ハンガリー、チェコ共和国へと第一次東方拡大を始めた。NATO加盟国になるために、軍事費をGDPの二％にまで割り当てることにも腐心してきた。二〇〇二年一一月に、NATOの第二次拡大が決定した。拡大に招待された国々は、エストニア、ラトヴィア、リトアニア、スロヴァキア、スロヴェニア、ルーマニア、ブルガリアであった。

二〇〇〇年にロシア大統領となったプーチンは、欧米との連帯をその方針としていたが、二〇〇一年九月一一日のアメリカ、ニューヨークでのテロ事件以後、その姿勢はいっそう顕著となった。ロシアは今や、NATOの準パートナーとしての地位にある。このような状況で急展開したのが、NATOの第二次拡大であった。ロシアがNATOに加盟する可能性さえ語られるほどである。

これまで述べたような対ロシア関係、対EU、NATOとの交渉は、バルト三国間の協力なくしては、このような速さでの進展をみることはなかったといえよう。EUやNATOは、この地域の安定のためにも、地域単位としての協力を促してきた。これはすでに一九八〇年代末に、北欧諸国が働きかけ始めていたことの延長にほかならない。もちろん、三国がそれぞれ独立回復以後、独自の政策をとる一方で、ソ連への併合という過去の歴史的な教訓を踏まえて、協力の姿勢を示してきたことは明らかである。

長い歴史の中で、共通の母体から生まれたエストニア、ラトヴィアは双子のような運命をたどってきた。それから長いときを経て二〇世紀初めに、そこにリトアニアが加わって、三国は同じような運命を共有することとなる。こうして三つ子のようになった三国は「バルト」というものの存在意義を世界に示すようになった。一九九一年のソ連からの独立回復は、まさに三国がバルトとして一体となって行動した成果であった。

EUに加盟し、ヨーロッパの仲間入りを果たすという念願を実現した今、それぞれの国は「バルト」の枠を超えて独自の主張をもって歩んでいくのか、バルト三国として協力しながら行動していくのか。興味のあるところである。

あとがき

以前ビデオでラトヴィアの映画『危険な夏』(一九九九年)を見た。そこに描かれた一九三九年の夏は、バルトの人々にとって本当に熱い夏であっただろう。ソ連からソ連軍の駐留を要求する最後通牒を突きつけられたバルト三国の一つ、ラトヴィアが舞台である。閣僚が対応に苦慮して議論を重ねている。映画はフィクションだが、その背景は事実である。冬戦争を闘ってソ連に抗戦したフィンランドと異なり、バルト三国は、最終的には最後通牒を受け入れざるをえなかった。バルト三国のソ連への編入の始まりであった。映画の中の、国境に迫ったソ連軍に徹底抗戦するか否かの発言が続くなかで、地図の前に立つムンテルス外相の「バルト三国が協力さえしていたら」という発言は、筆者にとても印象的であった。

そもそも筆者がバルト海東南岸地域に関心をもったのは、小民族が近代的な国民国家を目指したにもかかわらず、独立から二〇年あまりで消滅することになったのはなぜだろうか、ということであった。ラトヴィアの成立についての研究を始めた頃、一九九一年にバルト三国の独立が回復されることなど夢想だにしなかった。初めて現地を訪れた一九八八年でさえ、独立の回復はまだ夢物語のようなものに思われた。ソ連体制に反対する現地の人々の地下活動や国外での支援運動も、第二次世界大戦後にバルト三国からの亡命者を中心に活発に行なわれていた、不法な併合に対する糾弾と独立の回復を求めた動きなどとは明らかに変質してきていた。だが、一九八五年のゴルバチョフの共産党書記長就任と一九八九年のベルリンの壁の崩壊、それに続く東欧での変革の影響は大きく、それからわずか二年足らずでバルト三国の独立が回復された。

その後のバルト三国の目指したものは、ヨーロッパの一員であることを確認することであった。EU加盟は彼らにとってヨーロッパの一員であることの証拠なのである。そしてNATOへの加盟は、東の脅威に対する保障に映るのである。バルト三国の真ん中に位置するラトヴィアから三国を見渡すと、いかにバルト海東南岸地域の協力が必要であるかが理解できる。ラトヴィアは二度の世界大戦で、独・ソ両軍の衝突の舞台であった。まさに東西の狭間で翻弄された中から成立したラトヴィアは、その意味で三国の中でもっとも「バルト」的な国といえる。フィンランドと近い関係にあるエストニア、ポーランドあるいは中欧に近いリトアニアからみると、バルト地域は少し違ってみえるかもしれない。

浅学の筆者を中公新書編集部の石川昂氏にご紹介くださったのは、当時神戸大学教授の故木戸《き》蓊《どしげる》先生であった。それから一〇年余がたった。まさに、バルト三国の独立回復後の激動の時代を見つめながらの年月であった。石川氏には大変お世話になった。

大学時代から「飴《あめ》とムチ」で叱咤《しった》激励し、指導してくださり続けている百瀬宏先生にもまた、感謝の言葉もない。日本でバルト地域の研究を進めるのは、ほとんど絶望的であったソ連時代に、ドイツのヘルダー研究所で研究をするよう勧めてくださった故ラウホ教授、ドイツ政府留学生（DAAD）の指導教官としてゲッティンゲン大学から研究所に指導に来てくださったピストールコールス博士（ドイツ・バルト歴史学会会長）がいらっしゃらなければ、とっくにバルト地域の研究はあきらめていたであろう。ここに記して感謝したい。ほかにも、多くの方々の指導と励ましで、研究が続けられていることをありがたく思う。

最後に、研究の継続の支えとなった家族にも感謝したい。

二〇〇四年六月

志摩園子

ルンダーレ（ラトヴィア語／ドイツ語でルーエンタール）	ビーロンス・クールラント公が夏の宮殿を建設。サンクト・ペテルブルクの冬宮の建築家ラストゥレリによるバロック・ロココ様式。

	領に、1918年のラトヴィアの独立でその一部となる。
リァパーヤ（ラトヴィア語／ドイツ語でリバウ）	ラトヴィア第三の都市。不凍港で、繊維、金属の産業地域として発展、1919年に一時的にラトヴィア政府がここに逃がれた。日露戦争時のバルチック艦隊の母港。ソ連時代は、ソ連北西部軍管区の軍港があった。
リヴォニア	中世13世紀のドイツ人の進出によって成立した4教区とリヴォニア騎士団領の地域からなる。リヴォニア戦争によって解体。本書では、この地域をラテン語由来のリヴォニア（英語名リヴォニア）とし、リヴラントを指すときに用られるリヴォニア（英語名）と区別した。
リヴラント	もともと、リーヴ人の居住地域だったことからこの名称がある。中世からドイツ人が進出した地域。リヴォニア戦争（1558―83）後、ポーランド・リトアニア領となり、その後、スウェーデン領となった中世リヴォニアの地域。北部にはエストニア人が、南部にはラトヴィア人が居住。ラトヴィア語では、ラトヴィア人居住地域をヴィドゼメと呼ぶ。北方戦争（1700―21）で、ロシア領に。ロシア帝国時代は、バルト三地方の一つに。1918年のエストニア、ラトヴィアの独立で、北部はエストニアの、南部はラトヴィアの一部となった。
リーガ（ラトヴィア語／ドイツ語でリガ）	ラトヴィアの首都。1201年にアルベルト司教によって建設。ハンザ都市。リヴォニア騎士団長の居住地。

	大公が、遠征したクリミア方面から連れ帰ったタタール人やカライム人が居住。
ナルヴァ	エストニア東部のロシアとの国境ナルヴァ川沿いの町。12世紀頃から交易の要所として発展。現在、住民はロシア人が圧倒的に多い。
ハープサル（エストニア語／ドイツ語でハプサル）	リーガ湾の南岸にあるエストニアの保養地。1265年に司教座、16―17世紀はデーン人、ロシア人、スウェーデン人の支配。
パルヌ（エストニア語／ドイツ語でペルナウ）	リーガ湾に注ぐパルヌ川河口のエストニアの町。中世に司教座がおかれた重要な港町で、ハンザ都市。19世紀からは、保養地として発展。
ヒーウマー（エストニア語／ドイツ語でダゲ）	エストニア第二の島。
ヤルガヴァ（ラトヴィア語／ドイツ語でミタウ）	ラトヴィア、クルゼメの中心都市。リアルペ川のほとりにリヴォニア騎士団が町を1265年に建設。1617年から、クールラント公の居住地。ここで、最初のラトヴィア語新聞発行（1822年）。第2次世界大戦で町はほぼ完全に破壊。
ユルマラ（海岸の意）	ラトヴィアのリーガ湾南岸の保養地で幅広い砂の海岸として有名。19世紀以来、ロシア帝国の保養地として発展。
ラトガレ（ポーランド語でインフランティ）	ラトヴィアの東部地域。1772年までポーランドの支配下にあったため、現在でもカトリック教徒が多い。第1次ポーランド分割（1772年）でロシア帝国

ャウレン)	
スヴァウキヤ(ロシア語でスワゥキ)	リトアニアのネムナス川の南西地域。中世、ドイツ騎士団とリトアニア人の間の緩衝地域となったが、1795年の第3次ポーランド分割でプロイセン領に、1807年にはワルシャワ公国領に、ウィーン会議後の1815年にはポーランド王国領に、1867年にロシア帝国のスワゥキ県に編入。1918年のリトアニア独立後の1920年に、リトアニアとポーランドに分けられた。
タリン(エストニア語/ドイツ語でレヴァル)	エストニアの首都。13世紀、デーン人によって征服、デーン人の町「タリン」と呼ばれた。ハンザ都市。1343年にリヴォニア騎士団が1万9000マルク銀貨で、デーン人より購入。旧市街は、1998年に世界遺産に指定。
タルト(エストニア語/ドイツ語でドルパト)	エストニア第二の都市、大学町。1030年にロシアのヤロスラフ公がユリエフとして建設。1212年、ドイツ人がドイツ人の町ドルパトとしてハンザ同盟に加盟。ここを獲得したスウェーデンのグスタフ・アドルフ2世が、1632年に大学を建設。18世紀初めより、ロシア領。19世紀後半のロシア化の時代に、ユリエフと改名。第2次世界大戦で、町は大きな被害を受ける。
ツェーシス(ラトヴィア語/ドイツ語でヴェンデン)	もともと、ラトガレ人の城砦と集落があったところを、帯剣騎士団が征服、リヴォニア騎士団の本拠地とする。後にハンザ同盟に加盟。
トラカイ	ヴィタウタス・リトアニア大公の重要な居城のあったところ。ヴィタウタス

	ドイツ領に。第2次世界大戦後、リトアニア・ソヴィエト社会主義共和国領。
クールラント	ラトヴィアの西部地域。中世にはクールラント司教領があったが、リヴォニア騎士団解体後、最後の騎士団長ゴットハルト・ケトラーを公とするポーランド宗主権下の公国になった。18世紀後半には海外に植民地を短期間もった。18世紀末の第3次ポーランド分割でロシア帝国領となった。1918年のラトヴィアの独立で、その一部となる。
グルンヴァルト（リトアニア語でジャルギリス、ドイツ語でタンネンベルク）	1410年にこの近郊でポーランド・リトアニア連合軍がプロイセンのドイツ騎士団を大破したところ。中世のバルト海東南岸地域の歴史の転換点といわれる闘い。ドイツ人にとっては屈辱的な敗北となった。およそ500年後の第1次世界大戦中の1914年、プロイセンのヒンデンブルク軍がロシア軍を大敗させた闘いは、ここではなかったが、歴史上の汚名をそそいだという思いをこめてタンネンベルク会戦と命名したといわれる。
サモジチア（リトアニア語でジェマイティヤ）	リトアニアの西部地域。リトアニア語で「低地」の意味。中世リトアニア国家設立後は、プロイセンのドイツ騎士団に対する、また、リヴォニア騎士団に対する要所であった。
サーレマー（エストニア語／ドイツ語でエーゼル）	エストニア最大の島。1227年のキリスト教化に伴い、エーゼル司教区。
シャウリャイ（リトアニア語／ドイツ語でシ	1236年に、リトアニア軍が帯剣騎士団を壊滅に追い込んだところ。

	三の都市に。1918年にリトアニアが独立すると首都となったが、1920年にはポーランドに併合。1939年にソ連軍による占領、1941－44年のナチス・ドイツ軍の占領により、町のユダヤ人人口が激減した（1916年43.5％→1941年16.2％→1959年7.0％）。町のリトアニア人人口は、次第に増加し、現在は52.5％（1994年）である。
ヴェンツピルス（ラトヴィア語／ドイツ語でヴィンダウ）	ヴェンタ川河口のラトヴィアの大きな港町。リヴォニア騎士団の町、ハンザ都市として発展。近年、ナフタのトランジット港として急速に発展。
ヴル（エストニア語／ドイツ語でヴェロ）	エストニア人民族覚醒期の指導者クロイツヴァルトの生地。1784年建設。
エストラント	エストニア人の居住地域から、このドイツ語名称が生まれた。リヴォニア戦争（1558―83）後、スウェーデン領となり、1710年からはロシア帝国支配下に。1918年のエストニアの独立で、エストニアの北部を構成した。
カウナス（リトアニア語／ドイツ語でコヴノ）	ネリス川とネムナス川の合流点に13世紀に成立した町。リトアニア第二の都市。1812年にナポレオン軍によって破壊。1920―40年の独立時代、ヴィリニュスがポーランドに併合されていたので、臨時の首都。
クライペダ（リトアニア語／ドイツ語でメーメル）	リトアニアで唯一の港町。1252年にドイツ騎士団によって建設、ドイツ人の町として発展。1807―08年のナポレオン戦争中、プロイセン王がここに居住。第１次世界大戦後、メーメル地域はリトアニア領（1923―39)、1939年再び

ライニス、ヤーニス (1865—1929)
ラトヴィア人著述家。サンクト・ペテルブルク大学で法律を学ぶ。その後創作活動、「新思潮」の活動家。1905年の革命で、スイスへ亡命（—1920)。帰国後、リーガ国立劇場のディレクター。1926—28年、教育大臣。有名な詩劇『火と夜』は、日本語訳がある。

ランズベルギス、ヴィタウタス (1932—)
リトアニア人ピアニストでヴィリニュス音楽大学教授、政治家。1988年に「サユーディス」議長に。リトアニアのソ連からの離脱に貢献。1990年からリトアニア最高会議議長。

ロゾライティス、スタシィス (1924—94)
ソ連時代、リトアニア外交官として亡命先で活動を継続。

主要地名

ヴァルガ（エストニア語／ラトヴィア語でヴァルカ、ドイツ語でヴォルク）
エストニアとラトヴィアの両国にまたがる国境の町。19世紀、鉄道の発展で接続駅として発展。1918年、エストニア、ラトヴィアの独立によって、両国に分かれた。

ヴィリニュス（リトアニア語／ドイツ語でヴィルナ、ポーランド語でヴィルノ）
リトアニアの首都、ネリス川とヴィリヤ川の交差するところにあり、5世紀ごろには集落があった。12世紀までには、町は発展し、交易の中心地となっていた。ミンダウガス王治世下の13世紀半ばには、現在のカテドラルの一部が建設されていたようだ。北方戦争で、スウェーデン軍に占領、1795年の第3次ポーランド分割でロシア帝国領に。ナポレオンのモスクワ遠征では、ヴィリニュスに駐屯、19世紀には帝国内第

プンプルス、アンドレイス（1841—1902）	ラトヴィア人医師で、民族的叙事詩『ラーチプレーシス』を創作。
ベア、カール・E. フォン（1792—1876）	生物学者。ドルパト、ウィーン、ヴュルツブルク、ベルリン、ケーニヒスベルクで医学を修める。サンクト・ペテルブルク科学アカデミー会員。ドルパト大学教授。
ポスカ、ヤーン（1866—1920）	エストニア人政治家。タリン市長、エストラント、北リフリャント県コミサール（1917）を経て、1918年にエストニア外務大臣。
マウリナ、ゼンタ（1897—1978）	ラトヴィア人著述家。女性でリーガ大学で初めて学位を取得、1944年にドイツへ亡命。
マルチンケヴィツィウス、ユスティナス（1930—）	リトアニア人詩人で、「雪解け」期に著名に。
ミンダウガス（1217？—63）	1253年キリスト教を受け入れ、リトアニア王に即位。
メリ、レンナルト（1929—）	タリン生まれのエストニア人政治家。1992年から2001年までエストニア大統領。1941—44年シベリア追放。
メルケル、ガルリープ（1769—1850）	リヴラントのバルト・ドイツ人著述家。『哲学の世紀末、特にリヴラントのラトヴィア人』（1796）で大きな反響。
ヨガイラ（1351？—1434）	リトアニア大公（1377—92）、ポーランド王（1386—1434）。1386年にキリスト教を受け入れ、ポーランドと同君連合へ。

	(—40)。ソヴィエト軍により逮捕、収容所へ、精神病院で死亡。1989年に生地タクランナに記念碑が建立。
パトクル、ヨハン・R. von (1660—1707)	リヴラントの政治家。スウェーデン時代の1690年にリヴラント代表としてスウェーデンに。請願書を起草したことから逃亡、ロシア皇帝に仕えたが、スウェーデン王によって逮捕、処刑。
バーロンス、クリシュヤーニス (1835—1923)	ラトヴィア人ジャーナリスト、民族覚醒期指導者。ラトヴィアの民謡を収集、ラトヴィア語最初の新聞『ペテルブルガス・アヴィーゼ』の編集者。
ビーロンス、エルンスト・J. (1690—1772)	クールラント公(1737—40、1763—69)。クールラント公未亡人アンナの秘書から、アンナがロシア皇帝になった後、クールラント公に。ルンダーレ宮殿を建設。
フェールマン、ロベルト (1808—50)	エストニア人医師。「エストニア学会」(1838年ドルパト設立)の創設者。
ブラザウスカス、アルギルダス (1932—)	リトアニア人政治家。1991年にリトアニア共産党をリトアニア民主労働党に変革。1993—98年、リトアニア大統領、2001年からリトアニア首相。
フルト、ヤコブ (1839—1907)	エストニア人牧師、著述家。エストニア人の民謡を収集、エストニア人民族覚醒期の指導者。
プレッテンベルク、ヴォルテル・von (1450?—1535)	リヴォニア騎士団長、イヴァン3世との闘いに勝利。

	敷く。ソ連軍による占領で、1940年アメリカに亡命。
タムサーレ、アントン・H. (1878—1940)	エストニア人著述家。
チュルリョーニス、ミコラユス・K. (1875—1911)	リトアニア人作曲家、画家。ドゥルスキニンカイにチュルリョーニス博物館がある。
テーマント、ヤーン (1872—1941)	エストニア人政治家。ソ連軍の占領で逮捕、処刑。
トニッソン、ヤーン (1868—1941)	ヴィリヤンディ生まれのエストニア人政治家、著述家。エストニア語最初の日刊新聞『ポスティメース』の編集者、エストニア共和国建国の指導者の一人。1919—20、1927—28、1933年、エストニア大統領。ソ連軍の占領で、収容所へ。
ドネライティス、クリスティヨナス (1714—80)	プロイセン・リトアニアのリトアニア人詩人。最初にリトアニア語で創作。
バサナヴィチウス、ヨナス(ジョナス) (1851−1927)	リトアニア人医師(スヴァルキア出身)で、政治家。プラハ、ブルガリアで医師。1904年にリトアニアに帰国。リトアニア語新聞『アウシュラ』(夜明け、1883年から)の編集者、リトアニア人民族覚醒期指導者。1918年のリトアニア独立期にも指導的役割。
パッツ、コンスタンティン (1874—1956)	タクランナ生まれのエストニア人政治家。1905年革命に参加し、スイスへ亡命、1917—18年のエストニア独立運動の指導者。1934年に独裁体制を敷く

コイドゥラ、リディア（1843—86）	エストニア人詩人。エストニア人民族覚醒期の指導者。
ゴルブノフス、アナトリス（1942—）	ラトヴィア人政治家。1988年からラトヴィア・ソヴィエト社会主義共和国最高会議の最後の議長。
サヴィサール、エドガー（1950—）	1980年代末から1990年代初めのエストニア人独立運動の指導者。1990年からエストニア首相（—92）。
シーマン、パウル（1876—1944）	ヤルガヴァ（ミタウ）生まれのバルト・ドイツ人ジャーナリスト、政治家。新聞『レヴァルシェ・ツァイトゥング』、『リガッシェ・ルントシャウ』の編集者。エストニア立憲党員、1920年からリーガ市議会議員（—25）、ラトヴィア憲法制定議会、戦間期のラトヴィアの全四期セイマの議員。
シーレン、カール（1826—1910）	リーガ生まれのバルト・ドイツ人歴史家、評論家。『ユーリ・サマリンへリヴラントの回答』（1969）で、ロシア化政策に対抗するバルト・ドイツ人の抵抗のシンボルに。その後、ドイツへ移住。
ストゥルギンスキス、アレクサンドラス（1885—1969）	1920—26年、リトアニア初代大統領。ソ連軍の占領で逮捕、収容所へ。1956年リトアニアに帰国。
スニァチュクス、アンタナス（1903—74）	1936年からリトアニア共産党第一書記（—74）。
スメトナ、アンタナス（1874—1944）	リトアニア人政治家。リトアニア独立運動の指導者。1926年から独裁体制を

	デターの主要人物。
ウルマニス、カーリス（1877—1942）	ピクシャス村（ゼムガレ地方）生まれのラトヴィア人政治家。ラトヴィア共和国建国指導者の一人。1934年に独裁体制を敷く（—1940）。1940年ソ連軍の占領で、カフカスへ追放。
ウルマニス、グンティス（1939—）	独立回復後の最初のラトヴィア大統領（1993—99）。ラトヴィア共和国建国の指導者の一人。K・ウルマニスを大叔父にもつ。
クロイツヴァルト、フリードリッヒ・R.（1803—82）	エストニア人著述家。エストニア人の民族的叙事詩『カレヴィポエグ』を編纂。エストニア人民族覚醒期の重要な活動家。
クロス、ヤーン（1920—）	タリン生まれのエストニア人著述家。タルト大学で法律を学ぶ。第2次世界大戦中、ドイツ占領軍に逮捕。戦後の46年、逮捕、収容所、流刑地へ送られる（1946—54）。帰国後、創作活動。エストニアの歴史を扱う小説で特に有名。『マルテンス教授の旅立ち』『狂人と呼ばれた男』（1978）は、日本語訳がある。
ゲディミナス（1275？—1341）	リトアニア大公（1316—41）。リトアニア大公国をロシア人居住地域まで拡大。
ケトラー、ゴットハルト（1517—87）	低地ヴェストファーレン出身で、最後のリヴォニア騎士団長（1559—61）。最初のクールラント公（1562—87）。
ケビン、ヨハネス（1905—99）	エストニア共産党第一書記（1950—78）で、ロシア生まれのエストニア人。

バルト三国史における主要人物名と地名

主要人物

アダムクス、ヴァルダス (1926—)	1998年1月—2003年1月、2004年リトアニア大統領。カウナス生まれ。第2次世界大戦中、リトアニアを脱出、アメリカへ移住。アメリカ共和党員。
アルベルト、ブックスヘーヴェン (1165?—1229)	ドイツ、ブレーメン出身で、リーガの最初の司教。北方十字軍を率いて、1201年、リーガ建設。
ヴァルデマールス、クリシュヤーニス (1825—91)	ラトヴィア人民族覚醒期の指導者。最初のラトヴィア語新聞『ペテルブルガス・アヴィーゼ』の編集者。
ヴィタウタス (1350?—1430)	リトアニア大公(1392—1430)で、ヨガイラの従兄弟。グルンヴァルト(タンネンベルク)の闘いでドイツ騎士団を破る。リトアニア大公国最大版図を築く。
ヴィッチェ=フライベルガ、ヴァイラ (1937—)	リーガ生まれの亡命系ラトヴィア人政治家。1999年からラトヴィア大統領。第2次世界大戦中に亡命、ドイツ、カサブランカを経てカナダに移住、モントリオール大学心理学教授。
ヴォス、アウグスツ (1916—94)	ブレジネフ期のラトヴィア共産党第一書記(1966—84)。
ヴォルデマラス、アウグスティナス (1883—1942)	リトアニア人政治家、1918年に最初のリトアニア首相と外相。「タウティニンカイ」(民族主義者連合)の指導者。1926年のスメトナ独裁体制を生むクー

Press, Manchester and New York, 2003, p.263.
Vardys, V. Stanley, & Sedaitis, Judith B., *Lithuania: The Rebel Nation*. Colorado, Oxford, 1997.
von Rauch, Georg, *Die Geschichte der baltischen Staaten*. Stuttgart, Berlin, Köln, Mainz, 1970.
von Rauch, Georg, *The Baltic States—The Years of Independence Estonia, Latvia, Lithuania 1917-1940*. London, 1974.
Wittram, Reinhard, *Baltische Geschichte—Die Ostseelande Livland, Estland, Kurland 1180-1918*. München, 1954.

Kirby, David, *Northern Europe in the Early Modern Period : The Baltic World 1492-1772*. London & New York, 1990.

Kirby, David, *The Baltic World 1772-1993: Europe's Northern Periphery in an Age of Change*. London & New York, 1995.

Lieven, Anatol, *The Baltic Revolution : Estonia, Latvia, Lithuania and the Path to Independence*. Yale Univ. Press, New Haven & London, 1993.

Misiunas, Romuald J. & Taagepera, Rein, *The Baltic State—Years of Dependence 1940-1990*. Expanded and Updated Edition, London, 1993.

Pabriks, Artis & Purs, Aldis, *Latvia: the Challenges of Change*. London & New York, 2002.

Page, Stanley W., *The Formation of the Baltic States—A Study of the Effects of Great Power Politics upon the Emergence of Lithuania, Latvia, and Estonia*. New York, 1970.

Plakans, Andrejs, *The Latvians: A Short History*. Hoover Institution Press, Stanford University, 1995.

Raun, Toivo U., *Estonia and the Estonians*. Hoover Institution Press, Stanford, Calif, 1991. (1st ed. 1987)

Regional Identity Under Soviet Rule: The Case of the Baltic States. Dietrich André Loeber, V. Stanley Vardys, Laurence P. A. Kitching (eds.), Hackettstown, N. J., 1990.

Senn, Alfred Erich, *The Emergence of Modern Lithuania*. Columbia Univ. Press, New York, 1959.

Senn, Alfred Erich, *Lithuania Awakening*. Berkeley, Los Angeles, Oxford, 1990.

Smith, David J., *Estonia: Independence and European Integration*. London & New York, 2002.

Spekke, Arnolds, *History of Latvia—An Outline*. Stockholm, 1957.

Taagepera, Rein, *Estonia: Return to Independence*. Boulder, San Francisco, Oxford, 1993.

Thaden, Edward C. (ed.), *Russification in the Baltic Provinces and Finland, 1855-1914*. Princeton University Press, Princeton, New Jersey, 1981.

Thaden, Edward C., *Russia's Western Borderlands, 1710-1870*. Princeton Univ. Press, Princeton, New Jersey, 1984.

The Road to the European Union Vol.2: Estonia, Latvia and Lithuania. Ed. by Vello Pettai and Jan Zielonka, Manchester Univ.

主要な文献案内

イグネ，シャルル『ドイツ植民と東欧世界の形成』（宮島直機訳）彩流社，1997年.
伊東孝之・井内敏夫・中井和夫編『ポーランド・ウクライナ・バルト史』山川出版社，1998年.
ヴェルナツキー，G.『東西ロシアの黎明―モスクワ公国とリトアニア公国』風行社，1999年.
カレール＝ダンコース，エレーヌ『崩壊した帝国―ソ連における諸民族の反乱』新評論，1981年.（Hélène Carrère d'Encausse, *L'EMPIRE ÉCLATÉ,* Flammarion, 1978）
小森宏美・橋本伸也『バルト諸国の歴史と現在』（ユーラシアブックレット）東洋書店，2002年.
鈴木健夫（1984）「バルト海沿岸のクールラントの農民改革」『政治経済学雑誌』早稲田大学，276・277合併号，146-172.
鈴木徹『バルト三国史』東海大学出版会，2000年.
高橋理『ハンザ同盟―中世の都市と商人たち』教育社歴史新書，2000年.
宮島喬・羽場久浘子編『ヨーロッパ統合のゆくえ―民族・地域・国家』人文書院，2001年.
百瀬宏・志摩園子・大島美穂『環バルト海―地域協力のゆくえ』岩波新書，1995年.
森安達也編『スラヴ民族と東欧ロシア』（民族の世界史10）山川出版社，1986年.
山内進『北の十字軍―「ヨーロッパ」の北方拡大』講談社選書メチエ，1997年.

Bilmanis, Alfred, *A History of Latvia.* Westport, Conn., 1951.
Garleff, Michael, *Die baltischen Länder: Estland, Lettland, Litauen vom Mittelalter bis zur Gegenwart.* Verlag Friedrich Pustet Regensburg, Südosteuropa-Gesellschaft München, München, 2001.
Hiden, John & Salmon, Patrick, *The Baltic Nation and Europe: Estonia, Latvia and Lithuania in the Twentieth Century.* Revised Edition, London and New York, 1994.（1st. ed. 1991）
Kiaupa, Zigmantas, Mäesalu, Ain, Pajur, Ago & Straube, Gvido, *The History of the Baltic Countries.* Tallinn, 2002.

1991/9/6	ソ連，バルト三国の独立を正式に承認		
1991/9/17	バルト三国，国際連合に加盟		
1991/11/8	バルト三国議員会議（バルティック・アセンブリ）設立		
1992	6/20：通貨クローン導入		10/25：新憲法承認
1993		3/5：通貨ラット導入	6/25：通貨リタス導入
1993			8/31：ロシア（旧ソ連）軍撤退完了
1994/2	NATOの平和のためのパートナーシップ，締結		
1994	8/31：ロシア（旧ソ連）軍撤退完了	8/31：ロシア（旧ソ連）軍撤退完了	
1995/1	EUとの自由貿易協定調印		
1995/6	EUとの準協定（欧州協定）調印		
1995		5/　：バルティヤ銀行の破産で金融危機	12/　：銀行危機
1997/10			ロシアと国境条約締結
1998/1	アメリカと「パートナーシップ憲章」調印		
2004/3	NATO加盟		
2004/5/1	EU加盟		

バルト三国略年表

1949/ 3 /25	大量強制追放		
1949—51	エストニア共産党で血の粛清		
1958—59		ラトヴィア共産党内改革派の試み，失敗	
1972			ソ連支配に対して抵抗する学生の自殺
1976			リトアニア・ヘルシンキ・グループ成立
1987—	環境保護運動の展開		
1988	人民戦線成立	人民戦線成立	サユーディス成立
1989/ 8 /23	バルト三国で人間の鎖		
1990	3/ ：エストニア・ソヴィエト社会主義共和国最高会議選挙	3/ ：ラトヴィア・ソヴィエト社会主義共和国最高会議選挙	2/24：リトアニア・ソヴィエト社会主義共和国最高会議選挙（複数政党制選挙）
1990			3/11：リトアニア独立を宣言
1991		1/20：ソ連軍特殊部隊OMON，ラトヴィア内務省を攻撃	1/13：ヴィリニュス中心およびテレビ塔，ソ連軍が攻撃，占拠
1991/ 2 — 3	独立の是非を問う国民投票		
1991/ 8 /19—21	モスクワでクーデター，失敗に帰す		
1991	8/20：エストニア，独立を宣言	8/21：ラトヴィア，独立を宣言	

1926			ソ連と不可侵条約締結
1926			12/17：政治クーデターでスメトナ，大統領に
1932	ソ連と不可侵条約締結	ソ連と不可侵条約締結	
1934	「バルト協商」成立		
1934	3/12：政治クーデターで，パッツ大統領に	5/15：政治クーデターでウルマニス大統領に	
1939	8/23：独ソ不可侵条約締結（エストニア，ラトヴィア，ソ連の影響圏に，リトアニア，ドイツの影響圏に）		
1939			9/28：独ソ不可侵条約追加条約（リトアニア，ドイツからソ連の影響圏に）
1939	9/28：ソ連と相互援助条約締結	10/5：ソ連と相互援助条約締結	10/10：ソ連と相互援助条約締結
1940	6/16：ソ連から最後通牒	6/16：ソ連から最後通牒	6/14：ソ連から最後通牒
1940/ 6 —	ソ連軍による占領開始		
1940	8/6：ソ連邦へ加盟	8/5：ソ連邦へ加盟	8/3：ソ連邦へ加盟
1941/ 6 /14	最初の大量強制追放		
1941/ 6 /22	ナチス・ドイツ軍，ソ連に侵攻		
1941—44	ナチス・ドイツ軍，リトアニア，ラトヴィア，エストニア占領		
1944	ソ連軍，バルト三国再占領		
1944—	ソ連の占領に対する抵抗運動		
1947—52	集団化農場の設置		

バルト三国略年表

1816	エストラント，農奴制の廃止
1817	クールラント，農奴制の廃止
1819	リヴラント，農奴制の廃止
1861	リトアニア人地域，農奴制の廃止
1863—64	ポーランド蜂起（リトアニア人も参加）
1867—68	大飢饉
1869	タリンで第１回エストニア人歌謡祭開催
1873	リーガで第１回ラトヴィア人歌謡祭開催
1880年代－90年代	ロシア化政策
1905	ロシア革命
1914	第１次世界大戦勃発
1915	リトアニア人地域，クールラント，ゼムガレ，ドイツ軍による占領
1917/ 3	ロシア革命の勃発
1917/11	ロシア，ボリシェヴィキ革命

	エストニア	ラトヴィア	リトアニア
1918	2/24：独立宣言	11/18：独立宣言	2/16：独立宣言
1920	2/2：ソヴィエト・ロシアと平和条約（タルト平和条約）	8/11：ソヴィエト・ロシアと平和条約（リーガ平和条約）	7/12：ソヴィエト・ロシアと平和条約（モスクワ平和条約）
1920	憲法採択		10/ ：ポーランド軍によるヴィリニュス地域占領
1921	国際連盟加盟	国際連盟加盟	国際連盟加盟
1922		憲法採択	憲法採択
1923	エストニア，ラトヴィア間で防衛条約		クライペダ，リトアニア領に

バルト三国略年表

西暦	バルト海東南岸地域の主な出来事
13—14世紀	リヴォニアの成立
1201	ドイツ人，リーガの町建設
1236	サウレの闘いで帯剣騎士団壊滅
1253	ミンダウガス，リトアニア王に
1260	ドゥルベ（ドゥルベン）の闘い
14世紀	この世紀末までに，リトアニアの領土はバルト海から黒海まで広がる
1346	デンマーク王,北エストニアをリヴォニア騎士団に売却
1386	リトアニア大公ヨガイラ，ポーランド女王と結婚，ポーランド・リトアニア連合の成立. キリスト教の受容
1410	グルンヴァルト（タンネンベルク）の闘いでドイツ騎士団敗北. ドイツ騎士団の東進阻止
1547	最初のリトアニア語の出版物
1558—83	リヴォニア戦争
1561	リヴォニア騎士団解体
1579	ヴィリニュス大学設立
1583	エストラント，スウェーデン領に
1629	リヴラント，スウェーデン領に
1632	ドルパト（現タルト）大学設立
1700—21	北方戦争
1710	エストラント，リヴラント，スウェーデン領からロシア領に
1772	第1次ポーランド分割，ラトガレ（インフランティ），ロシア領に
1793	第2次ポーランド分割
1795	第3次ポーランド分割. クールラント公国，ネムナス川左岸を除くリトアニア，ロシア領に
1812	ナポレオン軍，ロシア（リトアニア，クールラント）に侵入

志摩園子（しま・そのこ）

1955年（昭和30年），岡山県に生まれる．87年，津田塾大学大学院国際関係学研究科博士課程修了．87～88年ドイツ学術交流会（ＤＡＡＤ）による西ドイツ政府留学生としてマールブルク大学およびＪ・Ｇ・ヘルダー研究所（マールブルク）留学．㈶日本国際問題研究所研究員，外務省在スウェーデン日本大使館専門調査員，東京成徳大学助教授，昭和女子大学人間社会学部教授を経て，現在，昭和女子大学特任教授，国際文化研究所所長．専攻，国際関係史，バルト地域研究．

著書『ラトヴィアを知るための47章』（明石書店，2016）
『環バルト海――地域協力のゆくえ』（共著，岩波新書，1995）
『下位地域協力と転換期国際関係』（共著，有信堂，1996）
『ポーランド・ウクライナ・バルト史』（共著，山川出版社，1998）
『ヨーロッパ統合のゆくえ』（共著，人文書院，2001）
『新型コロナ危機と欧州』（共著，文眞堂，2021）

物語《ものがたり》 バルト三国《さんごく》の歴史《れきし》
中公新書 *1758*

2004年７月25日初版
2022年７月30日７版

著　者　志摩園子
発行者　安部順一

本文印刷　三晃印刷
カバー印刷　大熊整美堂
製　　本　小泉製本

発行所　中央公論新社
〒100-8152
東京都千代田区大手町 1-7-1
電話　販売 03-5299-1730
　　　編集 03-5299-1830
URL https://www.chuko.co.jp/

Published by CHUOKORON-SHINSHA, INC.
Printed in Japan　ISBN978-4-12-101758-1 C1222

中公新書刊行のことば

いまからちょうど五世紀まえ、グーテンベルクが近代印刷術を発明したとき、書物の大量生産は潜在的可能性を獲得し、いまからちょうど一世紀まえ、世界のおもな文明国で義務教育制度が採用されたとき、書物の大量需要の潜在性が形成された。この二つの潜在性がはげしく現実化したのが現代である。

いまや、書物によって視野を拡大し、変りゆく世界に豊かに対応しようとする強い要求を私たちは抑えることができない。この要求にこたえる義務を、今日の書物は背負っている。だが、その義務は、たんに専門的知識の通俗化をはかることによって果たされるものでもなく、通俗的好奇心にうったえて、いたずらに発行部数の巨大さを誇ることによって果たされるものでもない。現代を真摯に生きようとする読者に、真に知るに価いする知識だけを選びだして提供すること、これが中公新書の最大の目標である。

私たちは、知識として錯覚しているものによってしばしば動かされ、裏切られる。私たちは、作為によってあたえられた知識のうえに生きることがあまりに多く、ゆるぎない事実を通して思索することがあまりにすくない。中公新書が、その一貫した特色として自らに課すものは、この事実のみの持つ無条件の説得力を発揮させることである。現代にあらたな意味を投げかけるべく待機している過去の歴史的事実もまた、中公新書によって数多く発掘されるであろう。

中公新書は、現代を自らの眼で見つめようとする、逞しい知的な読者の活力となることを欲している。

一九六二年一一月

中公新書

世界史

1045 物語 イタリアの歴史 藤沢道郎
1771 物語 イタリアの歴史 II 藤沢道郎
2508 貨幣が語る ローマ帝国史 比佐篤
2595 ビザンツ帝国 中谷功治
2663 物語 イスタンブールの歴史 宮下遼
2152 物語 近現代ギリシャの歴史 村田奈々子
2440 バルカン―「ヨーロッパの火薬庫」の歴史 M・マゾワー 井上廣美訳
1635 物語 スペインの歴史 岩根圀和
1750 物語 スペインの歴史 人物篇 岩根圀和
1564 物語 カタルーニャの歴史（増補版） 田澤耕
2582 百年戦争 佐藤猛
2658 物語 パリの歴史 福井憲彦
1963 物語 フランス革命 安達正勝
2286 マリー・アントワネット 安達正勝
2466 ナポレオン時代 A・ホーン 大久保庸子訳

2529 ナポレオン四代 野村啓介
2318 2319 物語 イギリスの歴史（上下） 君塚直隆
2696 物語 スコットランドの歴史 中村隆文
2167 イギリス帝国の歴史 秋田茂
1916 ヴィクトリア女王 君塚直隆
1215 物語 アイルランドの歴史 波多野裕造
1420 物語 ドイツの歴史 阿部謹也
2304 ビスマルク 飯田洋介
2490 ヴィルヘルム2世 竹中亨
2583 鉄道のドイツ史 鴋澤歩
2546 物語 オーストリアの歴史 山之内克子
2434 物語 オランダの歴史 桜田美津夫
2279 物語 ベルギーの歴史 松尾秀哉
1838 物語 チェコの歴史 薩摩秀登
2445 物語 ポーランドの歴史 渡辺克義
1131 物語 北欧の歴史 武田龍夫
2456 物語 フィンランドの歴史 石野裕子

1758 物語 バルト三国の歴史 志摩園子
1655 物語 ウクライナの歴史 黒川祐次
1042 物語 アメリカの歴史 猿谷要
2209 アメリカ黒人の歴史 上杉忍
2623 古代マヤ文明 鈴木真太郎
1437 物語 ラテン・アメリカの歴史 増田義郎
1935 物語 メキシコの歴史 大垣貴志郎
1547 物語 オーストラリアの歴史 竹田いさみ
2545 物語 ナイジェリアの歴史 島田周平
1644 ハワイの歴史と文化 矢口祐人
2561 キリスト教と死 指昭博
2442 海賊の世界史 桃井治郎
518 刑吏の社会史 阿部謹也

中公新書

現代史

中公新書

現代史

f2